성공을 부르는
창업 노트

PHARMGENSCIENCE

NIKE

STARBUCKS

성공을 부르는

창업
노트

박균호 지음

NETFLIX

PATAGONIA

다국적 기업부터 시골 북카페까지,
성공한 창업자 19인이 들려주는 삶의 기술

북바이북

CONTENTS

머리말

성공한 창업자들의 삶을 이끈 다른 생각, 다른 인생 ◆ **6**

성공한 창업자들의 삶을 이끈
다른 생각, 다른 인생

창업보다 수성守成이 더 어렵다는 말이 있다. 그럼에도 창업자 이야기에 주목해야 하는 이유는 무엇일까? 모든 인간이 창업자들이 만든 세상에서 살고 있기 때문이다. 우리는 매 순간 창업자들이 만든 상품을 이용하고, 그들의 경험이 반영된 효율적인 시스템을 누리고 있다. 성공한 창업자 이야기를 통해서 지혜로운 삶의 기술을 배울 수 있다.

역사가 100년이 넘은 기업이 있다면 꽤 여러 명의 경영자가 거쳐갔겠지만, 창업자는 한 명뿐이다. 창업자는 세상에 없던 기업을 만든 사람이다. 그들은 만들어진 기업에 들어가 성과를 낸 사람이 경험하지 못한 희로애락을 겪었다. 우리는 그들에게서 사업을 키우는 방법뿐만 아니라 친구를 사귀는 법, 가정을 꾸려가는 법, 위기를 탈출하는 법 그리고 비굴하지 않은 태도로 자금을 조달하는 법도 배운다.

비트겐슈타인은 언어의 한계는 곧 세계의 한계라고 말했다. 언어에는 사용자들의 축적된 생활과 경험이 고스란히 담겨 있다. 새로운 단어 하나를 알게 되는 것은 또 하나의 문화와 경험을 습득하는 셈이다. 언어를 익히고 공부할수록 좀 더 앞서가는 사람이 될 수 있다. 사람도 마찬가지다. 우리가 한 사람을 알아간다는 것은 곧 자신의 세계를 넓히고 세상을 보는 또 다른 눈을 갖게 된다는 뜻이다. 자신의 힘으로 기업을 일으키고 성공시킨 사람들의 인생은 보통 사람의 삶보다 더 많은 영감과 다양한 관점으로 가득 차 있다. 우리는 이들을 주목함으로써 그 영감과 시각을 얻을 수 있다.

이 책에서 나는 여러 창업자의 자서전을 읽고 그 내용을 독자에게 소개하고 있다. 전기가 아닌 자서전을 선택한 이유는 장르의 특성상 주인공의 목소리가 좀 더 생생하게 담겨 있기 때문이다. 성공한 창업자들은 일반 대중보다 독특하고 창의적인 생각과 생활 습관을 지닌 경우가 많다. 왕이나 거부의 자식으로 태어나지 않는 이상 남다르게 생각하고 행동하지 않으면 앞설 수 없는 것이 유사 이래의 진리다.

자서전들을 읽으며 깨달았다. 나는 비록 이 창업자들을 책으로 만났지만 이들은 확실히 보통 사람과는 다르게 생각하고 행동할 때가 많았다. 그들의 삶이 꼭 창업을 꿈꾸는 이에게만 영감을 주지는 않는다. 이들의 자서전을 읽는다고 해서 누구나 창업자가 될 수도 없다. 계산기가 있음에도 불구하고 우리가 학창시절 수학을 열심히 공부하면 인생을 살아가는 데 도움이 되는 논리적인 사고력을 키울 수 있듯이, 사업가가 될 생각이 없다 해도 창업자들의 남다른 생각을 접하면 그것만으로도 사고 영역이 확장되고 그동안 미처 몰랐던 잠재력을 발견하게 된다. 내가 바로 그런 사람이다. 학교 교사이자 북 칼럼니스트로 살아온 나에게 창업자들의 이야기는 잠자고 있던 생각의 한 축을 일깨워주었다.

물론 성공한 창업자라고 해서 범인과 완전히 다른 종족은 아니다. 그들도 땀을 흘리고 피가 흐르는 인간이다. 우리가 도저히 흉내 내지 못하는 초인적인 무엇인가로 기업을 일군 것이 아니다. 보통 사람이 결코 못 하는 일은 그들도 할 수 없다. 그들은 약간 다르게 생각하고 행동할 뿐이다. 작은 실천이 모여 큰 차이를 만들었을 따름이다. 생활 속 습관이 사업 성공이라는 결과를 이끌어내고, 사업 성공이 또다시 생활 습관으로 재연결된다.

이 책에서 소개하는 창업자들 이야기를 읽다 보면 큰 기업을 일구고자 하는 이는 물론 1인 기업인, 직장인, 창작자 등 다양한 삶의 방식으로 살아가는 모든 이가 생각과 행동 면에서 큰 동기를 부여받으리라 생각한다. 다른 생각은 다른 인생으로 인도한다.

규칙을 없애라

넷플릭스

NETFLIX

넷플릭스는 미국의 멀티미디어 엔터테인먼트 OTT 기업이다.
1997년 마크 랜돌프와 리드 헤이스팅스가 설립했고, 1998년 서비
스를 시작했다. 넷플릭스라는 이름은 '인터넷internet'과 '영화flicks'
를 합성한 데서 유래했다. 비디오 대여 사업부터 시작해, DVD를
거쳐 현재는 온라인 스트리밍 위주로 서비스를 하고 있다. 미국
뿐 아니라 캐나다, 멕시코, 유럽 일부 국가, 한국, 일본 등 전 세계
로 서비스 영역을 확대하면서 방송 산업의 역사를 새로 쓰고 있
다. 현재 월트 디즈니 컴퍼니에 맞먹는 거대 기업으로 성장했으
며, COVID-19 창궐로 인해 2020년 이후 스트리밍이 더욱 널리
이용되면서 넷플릭스는 큰 수혜주가 되었다.

『규칙 없음』, 리드 헤이스팅스·에린 메이어, 이경남 옮김, RHK, 2020

평범한 사원에게는 푸짐한 퇴직금을

2000년 초 한 기업인이 초조한 기색을 감추지 못하고 텍사스 주 댈러스에 있는 블록버스터 본사를 찾았다. 당시 블록버스터는 세계 곳곳에 9,000여 개의 비디오 대여점을 거느린 홈 엔터테인먼트의 절대 강자였고 기업 가치가 60억 달러에 육박했다. 반면 안절부절못하면서 블록버스터 회의실에 들어선 이 기업가는 온라인에서 고객 주문에 따라 우편으로 DVD를 대여해주는 사업체를 운영하고 있었는데 그해의 예상 손실액이 5,700만 달러에 달했다. 망해가는 회사를 어떻게 하면 매각할 수 있을까? 몇 달간 공들인 끝에 블록버스터 CEO와 협상 테이블에 앉는 것까지는 성공했지만 인수 가격으로 제시한 5,000만 달러가

단칼에 거절되면서 매각은 없던 일이 되었다.

거부할 수 없는 낮은 인수가를 제시하지 않은 탓에 매각을 거절당한 이 위태로운 회사는 넷플릭스다. 그로부터 10년이 채 지나지 않은 2010년, 블록버스터는 파산했고 넷플릭스는 우편으로 DVD를 대여해주는 낡은 사업 방식을 그만두고 인터넷 스트리밍 서비스로 190개국 1억 5,000만 명의 회원을 가진 공룡 기업이 되었다.

넷플릭스는 평범한 직원은 푸짐한 퇴직금을 주고 내보낸다. 일반적으로 정리해고를 하는 회사는 실적이나 능력이 부족한 사원을 내보낸다. 넷플릭스가 평범한 사원을 내보내는 이유는 특출한 사원과 팀을 이룬 소수의 평범한 사원들이 실적을 망가뜨린다고 판단하기 때문이다. 탁월한 사원들끼리 팀을 이루면 서로 잘 협력하며 신바람이 나서 창의력이 샘솟고 실적은 저절로 높아진다는 것이 넷플릭스의 믿음이다. 결국 비범한 사원들만으로 조직을 채우는 것이 넷플릭스의 최우선 과제이자 최후 목표다. 탁월한 동료야말로 곧 탁월한 회사를 의미한다. 앞으로 설명하게 될 넷플릭스의 독특한 기업 문화는 뛰어난 인재로 회사를 채우는 목표를 수행하기 위한 수단에 가깝다. 똑똑한 직원만으로 사무실을 꽉 채우고 싶은 것은 모든 경영자의 로망이 아니겠는가.

험담 NO, 피드백 YES

직장인에게 동료나 상사를 대상으로 한 '뒷담화'만큼 맛있는 술안주가 또 있을까. 다만 뒷담화는 패스트푸드에 가깝다. 맛나고 재미나지만 결국 자신에게 손해로 돌아온다. 당사자가 없는 자리에서 어떤 동료에 대한 이야기를 하고 싶다면, 그 사람 앞에서도 할 수 있는 말만 해야 한다는 것이 넷플릭스의 철학인데 이 공자 같은 문구만으로 뒷담화가 없어지지는 않는다. 일반적인 직장인들의 회의 풍경은 비슷하다. 회의 시간은 의견 교환이 아닌 관리자의 훈시로 채워진다. 훈시라면 그나마 다행이겠지만 잔소리를 듣는 시간에 가깝다. 간혹 관리자가 회사에 대한 건의 사항을 기탄없이 말하도록 명령(?)을 하면 뒤탈이 없고 상사에게 누가 되지 않을 내용을 짜내서 간신히 자백(?)한다.

근거가 없는 데다 악의적이기까지 한 험담은 회사나 직원 모두에게 백해무익하지만, 회사 방침과 상사의 결정 그리고 동료의 업무에 대한 건전하고 발전적인 피드백은 많이 개진될수록 회사에 득이 된다. 그럼에도 비판을 제기하거나 개선 방안을 내놓지 않는 이유를 살펴보자.

- 동료들이 내 의견을 지원해주지 않을 것 같다.
- 유별난 사람이라는 이미지를 주고 싶지 않다.

- 원치 않는 논란에 휘말리고 싶지 않다.
- 회사 방침에 협조하지 않는 직원으로 찍히기 싫다.

　직원들의 의견을 수렴하겠다고 천명한 경영자는 많다. 내가 근무했던 1980년대 군대조차 소원 수리라는 제도를 통해서 하급자들의 불만과 건의 사항을 듣고자 하는 노력을 했다. 병사들이 무기명으로 의견을 제시했지만, 실질적으로 군대 문화가 진보하지는 않았다. 섣불리 의견을 적었다가는 '역적'으로 몰리는 경우가 있었기 때문에 병사들도 진솔하게 건의하는 일이 없었다. 일반 회사에서도 아무리 경영자가 솔직하게 피드백을 개진하라고 해도 괜히 나서서 입바른 소리를 했다가는 상사에게 '불만이 많은' 직원으로 낙인찍히는 것은 아닌지 우려하는 경향이 많다. 회의도 마찬가지다. 자유롭게 직급에 상관없이 안건에 대해 의견을 나누는 것이 좋은 방향이지만 훈시와 명령 하달식으로 마무리되기 십상이다.

　전체 직원의 의견은 무시하고 최고경영자의 방침으로 조직이 운영되면 어떤 부작용이 초래되는지는 소설 『모비 딕』이 잘 보여준다. 자신의 다리 한쪽을 앗아 간 향유고래에 대한 복수심에 사로잡힌 선장이 무리하게 그 거대 고래를 쫓다가 결국 포경선은 침몰하고 거의 모든 선원이 수장되고 만다. 짐승에게 품는

복수심은 무의미하다는 일등항해사 스타벅의 충고를 듣고 선장이 고향으로 돌아갔다면 그런 불행은 생기지 않았을 것이다.

넷플릭스가 피드백을 강조한다 해서 그것이 인터넷 악플처럼 모욕적이고 악의적이어도 된다는 뜻은 아니다. 피드백의 기본 원칙은 어디까지나 '선의'다. 우리는 오래전부터 '너 잘되라고 하는 말'치고 설득력이 있는 경우는 드물다는 사실을 알고 있다. 생각해보라. 지금까지 당신에게 폭언을 퍼부은 선임의 조언은 모두 '오해하지 말고 들어'라든가 '네가 좀 더 잘됐으면 하는 바람에서 하는 말인데'로 시작되지 않던가. '오해하지 말고 들어'라는 말은 '너 기분 나빠지라고 하는 소리야'와 동의어다. 선의에서 비롯되었다 해도 모든 피드백이 허용되는 것은 아니다. 넷플릭스는 피드백을 주고받는 요령을 교육한다. 피드백을 주고 싶다면 동료 직원의 구체적인 행동이나 업무 처리 방식의 변화가 다른 동료나 회사에 어떤 식으로 도움을 주는지 설명할 수 있어야 한다는 단서가 붙는다. 이렇게 된다면 '피드백이라고 쓰고 악담으로 읽는 경우'가 생기지 않는다. 선의에서 나온 피드백이 뒤통수를 칠 일이 없다고 확신하게 된 회사는 어깨에 힘을 빼고 스윙을 하게 된 골퍼와 같다. 동작에 거칠 게 없고 아까운 공을 산이나 못으로 강제 기부할 일도 없다.

휴가, 떠나고 싶을 때 떠나라

　직원들에게 원하는 시기에 원하는 만큼 휴가를 즐길 수 있는 자유를 주는 것보다 더 큰 모험이 있을까? 넷플릭스는 이 어려운 일을 해냈다. 넷플릭스의 경영자 리드 헤이스팅스 또한 사람인 이상 휴가 규정을 없애기로 하고 악몽에 시달렸다. 몹시 바쁜 시기에 급하게 출근했는데 사무실이 텅텅 비어서 어떻게 된 일이냐고 묻자 '오늘 모두 휴가 갔는데요'라는 대답을 듣는 악몽 말이다. 왜 안 그랬겠는가. 아무리 공룡 기업을 대표하는 사람이라고 해도 의심과 공포심이라는 인간의 가장 기본적인 감정이 거세된 기계는 아니잖은가. 사전에 관리자가 직원들에게 '다른 사람과 회사에 민폐를 주지 않고 휴가를 슬기롭게 내는 방법'을 교육하고 한 달 휴가를 내려면 최소한 3개월 전에는 회사에 알려야 한다는 예의(?) 정도는 요구한다. 무분별하게 휴가를 사용함으로써 생길 수 있는 혼란을 방지하기 위한 최소한의 안전장치를 마련한 것이다.

　'잘 노는 사람이 일도 잘한다'라는 오랜 철학과 자신의 취미 생활을 마음껏 즐긴 사람이 회사에 복귀해서 창의력이 넘치는 아이디어를 내고 일도 잘한다는 경험을 토대로 넷플릭스는 휴가 규정을 없앴다. 아무리 좋은 방침이라고 할지라도 정착되지 못하면 공염불에 지나지 않은데 이런 제도가 성공하려면 역시 상사의 솔선수범이 중요하다. 또 이 세상의 모든 조직에는 선의로 만든 규정을 악용하는 직원이 있기 마련이다. 이런 직원은 악어와 악어새처럼 모든 조직에 붙어산다. 넷플릭스의 관리자들은 직원들에게 '슬기롭게 휴가 내는 법'을 알려줄 뿐만 아니라 스스로 장기 휴가를 신청함으로써 모범을 보였기에 휴가 규정을 없앤 모험이 성공할 수 있었다. 사실 우리나라의 공공 기관이나 직장에서도 연차 휴가를 적극적으로 사용하도록 독촉(?)하는 경우가 많다. 연차 휴가 사용량을 기관 평가의 중요한 잣대로 채택하기도 한다.

냉정하게 말하자면 적어도 우리나라 공공 기관에서 연차 휴가를 적극적으로 사용하도록 권장하는 것은 직원들의 복리후생을 위해서가 아니라 그러지 않으면 남은 연차 휴가 일수만큼 지급해야 할 연가 보상비를 절약하기 위함이다. 예산을 절감하고 기관 평가에서 좋은 점수를 받기 위해서 억지로 떠밀려 휴가를 내야 한다면 동기 부여나 창의력이 샘솟기 힘들다. 휴가는 모름지기 유급 휴가가 제맛이다.

지출 규정이 없다

휴가 규정을 제거한 결정 덕분에 뛰어난 인재를 쉽게 영입하고 성장을 거듭한 넷플릭스는 지출 규정 또한 없었다. 공기업이나 공공 기관은 물론이고 중견 기업 이상은 지출 규정이 있기 마련이다. 공공 기관의 예를 들면 지출 규모에 따라서 어느 선까지 결재를 얻어야 하는지, 직책에 따라서 이용할 수 있는 교통수단(가령, 출장비로 KTX의 특실을 이용할 수 있는 직책이 따로 정해져 있다), 출장 시 이동 거리에 따른 여비가 정해져 있다. 모든 사람은 선하게 태어나고 어떤 경우에도 회삿돈을 자기 돈처럼 아껴 쓴다고 믿지 않는 이상 지출 규정을 없애기는 어렵다.

일반적인 직장에서는 관리자들이 예산 사용을 규제하고 통제함으로써 조직을 장악하고 있다는 자신감을 얻는다. 공공 기관이나 사기업 할 것 없이 예산을 관리하는 부서가 좀 더 큰 목소리를 내는 관행이 괜히 생겨난 것이 아니다. 그들에게 직원의 잘못된 지출을 찾아내는 것은 신대륙 발견만큼이나 감격스럽고 자존감을 높이는 쾌락이자 보람이다.

넷플릭스의 경영자 또한 전 직원을 전적으로 신뢰하기 때문에 지출 규정을 없애기로 한 것이 아니다. 업계 최고 대우를 받는 최상의 인재라고 할지라도 넷플릭스의 느슨한 지출 시스템을 악용하는 직원이 있다. 남의 돈으로 장을 보고 가족끼리 외식하며 가지고 싶은 물건을 사는 그것만큼 큰 재미가 어디 있겠는가.

넷플릭스는 지출을 부정하게 사용하는 역효과보다 자유롭고 빠른 일 처리가 주는 순기능이 훨씬 크다고 본다. 지출하면서 '회사에 득이 되게 하라'는 가치만을 생각하라는 넷플릭스의 방침은 업무 처리를 빠르게 하고 직원들을 자유롭게 하는 효과 이외에 예산을 더 아껴 쓰는 사람도 있다는 놀라운 발견을 하게 했다. 지출에 관한 규정을 세밀하게 마련해두면 직원들이 어떻게 해서라도 규정을 이리 굴리고 저리 굴려서 가능한 지출을 많이 하려는 경향이 높지만, 규정이 없으면 오히려 필요 없는 지출을 삼가게 되는 경우가 많았다는 것이다. 회사가 먼저 직원을 신뢰한다는 신호를 주었을 때 직원들은 그 신뢰에 보답하기 위해서 자신들이 얼마나 청렴한지를 보이고 싶어 하는 경향이 있다는 것을 넷플릭스는 발견했다.

일하다 보면 분명히 회사나 조직에 더 효율적이고 득이 되는 방법이 있음에도 불구하고 지출 규정 때문에 시도조차 못 하는 경우가 있다. 출장을 갈 때 상황에 따라서 이코노미석보다는 비즈니스석을 이용하고, 정해진 비용을 초과하는 고급 식당에서 고객을 만나는 것이 회사에 득이 될 때가 있다. 이런 경우 '회사에 가장 이득이 된다면' 마음껏 비용을 내라는 넷플릭스의 정책은 직원들의 업무 수행을 원활하고 효율적으로 만들어준다.

그렇다고 넷플릭스의 '지출 규정 없음' 정책이 무인 판매대처럼 오로지 직원들의 양심에만 의존하는 것은 아니다. 잊지 말자. 그들도 혈기 왕성한 욕망을 가진 사람이다. 사람인 이상 들킬 염려가 없다면 언제든지 회삿돈을 유용할 준비가 되어 있다. 넷플릭스의 경우 성과가 탁월하고 책임감이 강한 직원들로 구성되어 있어서 아무래도 보통의 직장보다는 솔직한 문화가 정착되기 쉽고 동료들끼리 서로에게 부정을 저지르지 않도록 피드백을 주도록 독려한다. 또 지출을 부정하게 하는 경우 책임을 분명히 묻고 그 사례를 전체 직원들에게 공유함으로써 본보기를 보이기도 한다.

업계 최고 대우를 한다

넷플릭스는 평범한 사원 열 명보다 탁월한 사원 한 명을 채용하는 것이 회사 발전에 유리하다고 생각하고 그런 판단이 옳았음을 증명하고 있다. 물론 탁월한 인재 한 명에게는 평범한 사원 열 명에게 줄 급여를 지급한다. 아무리 '저녁이 있는 삶'과 근무 여건이 중시되는 시대이지만 직장인에게 높은 급여만큼 매력적인 조건은 없다. 퇴사 이유를 조사하는 설문에서 '상사와의 불화'와 함께 '연봉 불만족'이 자웅을 겨룬다. 2019년에 전 소속 구단과 자유롭게 계약을 할 수 있었던 메이저리거 류현진이 그 좋다는 LA다저스를 두고 왜 이름도 생소한 캐나다 구단인 토론토 블루제이스와 계약했겠는가. 우승 가능성, 기후, 주거 조건, 동료와의 관계 등의 고려 사항은 '돈' 앞에서 '그까짓 것'이 되기 십상인 세계가 메이저리거의 계약이다. 넷플릭스는 업계 최고 수준의 급여를 지급하는 것도 모자라 지급 방식에도 '원 모어 싱one more thing'이 있다.

넷플릭스는 직원들이 올린 성과에 대해서 보너스를 지급하는 것에 반대한다. 성과급이 직원과 회사 발전에 이익이라는 생각은 보통의 업무에나 해당된다는 것이 넷플릭스의 철학이다. 넷플릭스처럼 창의력이 무엇보다 중요한 회사에서는 직원들이 성과를 올리기 위해서 조급해지고 부담감을 느끼는 것보다는 편안한 마음으로 근무하는 편이 훨씬 더 좋은 성과를 거두게 된다는 것이다. 성과에만 치중하다 보면 창의력을 발휘하기 어렵다. 고액 연봉을 받기 때문에 집안 경제 사정이나 사소한 일에 신경을 덜 쓰게 된다면 일에 집중하게 되어 자연스럽게 혁신적인 아이디어가 떠오르기 마련이다.

수백억 원대의 연봉을 받는 프로 운동선수가 '먹튀'라는 오명을 뒤집어쓸 정도로 성적이 부진한 경우가 종종 있지만 일부러 태업하는 경우는 드물다. 그 정도 위치에 도달한 선수는 자신의 명예를 지키기 위해서 직업 윤리를 지키는 데에 최선을 다하지만, 뜻대로 되지 않는 경우가 대부분이다. 돈과는 무관하게 좋은 성적을 올리고 동료에게 존경을 받겠다는 자존심은 은퇴할 때까지 함께한다. 넷플릭스의 직원들도 마찬가지다. 보너스와는 상관없이 기본적으로 탁월한 성과를 내겠다는 약속은 입사할 때 이미 하지 않는가 말이다.

A 회사는 연봉 10만 달러와 실적에 따른 보너스를 1만 달러를 주는데 B 회사는 보너스 없이 연봉 11만 달러를 준다면 A 회사를 선택할 사람이 있겠는가. 넷플릭스는 B 회사의 유형에 속하고 자연히 출중한 인재가 몰린다. 다른 회사에서 더 높은 연봉을 제시받은 넷플릭스 직원은 회사에 그 사실을 알리도록 교육받는다. 그보다 더 높은 연봉을 넷플릭스가 지급하기 위해서다. 일반적으로는 더 높은 연봉을 받고 회사를 떠나는 직원은 '배신자'로 낙인찍히지만, 넷플릭스는 생각이 다르다. 다른 회사에서 더 높은 연봉을 제시받은 직원들이 회사에 그 사실을 말해주면 그보다 더 높은 연봉을 주고 붙잡아둘 수 있지만, 회사에 말하지 않고 이직해버리면 좋은 인재를 경쟁사에 뺏기는 결과가 된다.

결국 넷플릭스의 경영 철학은 좋은 인재를 모으고 그 인재를 뺏기지 않기 위한 노력으로 요약된다. 2000년 전 공자가 환생하지 않는 이상 더 좋은 대우를 마다하고 다니던 회사에 계속 머물겠다는 사람은 드물다. 넷플릭스는 '더 좋은 대우'라는 가장 매력적인 카드로 비범한 직원들을 붙잡아두는 가장 비범한 기업이다.

거절을
두려워하지 마라

발뮤다

BALMUDA

발뮤다는 일본의 가전제품 제조업체로서, 주로 소형 가전을 취급한다. 창업자는 테라오 겐이다. 초기에는 노트북 받침대 등 액세서리를 만들다가 리먼 쇼크 사태 이후 공기청정기 등의 가전제품을 만들고 있다. 기존 가전의 비슷비슷한 기능에서 벗어나 최소한 한 가지 이상의 참신한 기능을 제공한다. 가령 토스터의 경우, 증기를 이용해 어떤 빵이든 맛있게 구워낸다는 평가를 받고 있으며, 선풍기는 팬의 모양을 달리하여 부드러운 바람을 만들어내는 것이 특징이다.

죽은 빵도 살려낸다

『가자, 어디에도 없었던 방법으로』를 읽기 전에는 발뮤다라는 회사를 알지 못했다. 창업주 이름이 '테라오 겐'이라는 것을 몰랐다면 사호명이나 상품 디자인을 보고 스웨덴 회사로 착각했을 것 같다. 직원이라고 해봐야 110명 정도에 불과한 일본의 중소기업 제품이 한국에서는 꽤 인기가 있는 모양이다. 발뮤다 수출 매출의 약 30퍼센트를 한국이 차지한다. 심지어 본사가 있는 일본보다 한국에서 먼저 신제품을 발매하기도 한다. 선풍기, 가습기, 토스터 등과 같은 주로 생활 가전을 생산하는 업체인데 궁금해서 쇼핑몰에서 검색해봤다. 가격이 비싸도 너무 비쌌다. 50만 원이 넘는 발뮤다 선풍기 가격을 보고 혹시 오타가 아닌가 싶었다. 눈을 닦고 다시 봐도 내가 본 가격이 틀림없었다. 세상에는 우리가 모르는 사이에 천재적으로 돈을 벌어 가는 사람이 너무 많다. 선풍기를 50만 원에 팔아먹는 혁신적인 기술이라니 놀라울 따름이다. 나는 기껏해야 선풍기를 낮잠을 방해하는 파리를 쫓아내는 소소한 무기로만 활용했는데 말이다.

보아하니 디자인과 감성으로 경쟁하는 회사였고, 소비자의 호불호는 제법 선명했다. 그런데 예쁜 집을 소개하는 프로그램이나 유튜브 영상을 보면 발뮤다 제품이 꼭 한두 개 이상은 있다는 말도 있고, 죽은 빵도 살려낼 만큼 성능이 좋다는 발뮤다 토스터 소문도 듣고 보니 이 회사가 어떤 곳인지 궁금해졌다. 뛰어난 디자인과 품질을 모두 갖춘 제품을 내놓는 것이 얼마나 어려운가.

자식을 창업자로 키우고 싶은 자, 독서와 캠핑을

발뮤다가 궁금해서 읽기 시작한 『가자, 어디에도 없었던 방법으로』는 이상한 경영서였다. 창업자가 쓴 경영과 성공담이라기보다는 차라리 감성 수필 쪽에 가까웠다. 시종일관 낭만적이었다. 책의 3분의 2가 책과 음악을 좋아하는 한 청년이 세상에 적응하는 과정의 기록으로 채워져 있으니 성장 소설이라고 해도 틀린 말은 아니다. 마치 원숙한 글솜씨를 자랑하는 40대 문학가가 쓴 수필로 읽히는 이 책은 따뜻하고 정갈했으며 차분했다. 게다가 읽는 이의 마음을 움직이는 생동감이 넘쳤다. 테라오 겐이 폭주족이었던 중학생 시절을 이야기하는 대목은 얼마나 실감이 나는지 난생처음 오토바이를 타보고 도로를 질주해보고 싶다는 충동에 시달려야 했다. 대체 돈 버는 방법은 언제 알려준다는 말인가? 폭주 욕망을 억누르며 조급하게 책장을 넘겨나갔다.

참으로 신기했다. 사업가로 성공한 사람이 어떻게 이토록 감성적인 글을 쓸 수 있을까? 테라오 겐의 어머니는 늘 아들을 곁에 두고 책을 읽어주었으며 공부하는 방법도 알려주었다. 오직 칭찬만 해주었다. 자식을 키우는 부모는 공감하겠지만 세상에서 가장 어려운 일이 자식 칭찬이다. 그런 면에서 테라오 겐은 매우 비범한 가정에서 자란 것이 분명하다. 어린 시절 문제아였을 뿐만 아니라 아들에게 공공연히 남자로 태어났으면 나쁜 짓 정도는 하는 것이 자연스럽다고 말한 아버지는 인생의 고비마다 불쑥 책을 내밀었다.

꾀병을 핑계로 학교에 가지 말라고 아들을 꼬여서 영화관에 끌고 간 아버지와 〈킬링필드〉(1984)를 보았다. 아버지는 헤밍웨이의 『킬리만자로의 눈』을 읽어주었고 리처드 바크의 『갈매기의 꿈』을 권했다. 북유럽의 극작가 아우구스트 스트린드베리의 수필집에 나오는 구절을 메모지에 적어 아들 책상에 붙여놓기도 했다.

힘들어도 일을 해라. 현재의 상황에 만족하지 마라. 세상은 순례의 길을 걷는 것이다.

뮤지션의 길을 걷다가 실패한 아들의 음악을 가만히 듣고 난 아버지는 시바 료타로의 『세상을 사는 나날들』을 내밀었다. 콜린 윌슨의 문예비평서 『아웃사이더』도 가타부타 없이 아들에게 건넸다. 거의 파락호에 가까웠던 테라오 겐의 아버지가 결혼하고 나서 자신의 인생에 최선을 다하고 자식 교육에 남달랐던 것이 독서의 힘이 아니었나 생각하게 된다.

테라오 겐은 인류 역사상 가장 위대한 발명을 언어라고 생각한다. 언어가 생김으로써 인간은 정보를 공유하고 의사를 전달함으로써 폭발적인 인구 증가를 이룰 수 있었다. 그는 사업이나 일상생활에서 어떤 어휘를 선택하느냐에 따라서 전달자의 영향력은 확연하게 달라진다고 주장한다. 다양한 상황에 따른 적절한 어휘 사용은 기업가의 중요한 덕목이며 독서를 통해 이런 능력이 길러진다고 말한다. 어휘력이 뛰어날수록 경영 능력도 향상되므로 독서를 해야 한다는 것이다. 테라오 겐은 청소년 시절 동년배보다 열 배가 넘는 독서를 했다. 독서를 통해 습득한 풍부한 어휘력은 최상의 표현으로 의사를 전달하고 목표를 이루는 데에 큰 도움이 되었다. 수십 년간 교직에 있으면서 확신하게된 것인데 죽자고 책만 읽는 학생은 서울대에는 못 들어가도 뭐라도 되긴 한다. 경영자의 어휘력이 풍부하다면 사업과 사람을 바라보는 관점이 다양하고 깊어질 수밖에 없다. 언어의 한계가 세계의 한계라는 비트겐슈타인의 명언은 경영에도 그대로 적용된다. 독서를 통해 언어 능력을 키운다면 10년 뒤에는 수입이 극적으로 높아진다는 테라오 겐의 말에 공감한다.

17세에 학교를 그만두고 어머니의 죽음으로 생긴 보험금을 챙겨 스페인 여행을 떠날 만큼 자유로운 영혼이었던 테라오 겐은 음악과 책을 끼고 살았다. 어머니가 돌아가시기 전에 마지막으로 쥐어 주신 돈을 간직하지 못하고 편의점에서 군것질거리를 사 먹은 행동에 땅을 치고 후회하는 나에게 테라오 겐은 확실히 난놈은 난놈이다. 나라고 그 돈이 어머니가 마지막으로 주신 돈인지 어떻게 알았겠는가. 또 주실 줄 알았지. 어쨌든 덕분에 일개 독자인 나도 경영서라고 생각한 책을 읽으면서 읽어야할 책 목록을 메모하게 되었다. 내가 딸아이를 키우면서 한 몇 가지 안 되는 기특한 일 중의 하나가 자주 책을 읽어주고 손을 잡고 재우면서 어린 시절의 추억을 이야기로 꾸며서 들려준 것이다. 부모가 직접 영어 수학을 가르치고 좋은 학원을 보내는 것보다 좋은 책을 많이 읽어주는 쪽이 더 가치 있고 자식을 바른길로 인도하며 화목한 가정을 이루는 지름길인 듯하다. 테라오 겐의 부모는 결국 이혼했지만, 서로에 대한 사랑은 죽을 때까지 변치 않았고 자식들 또한 부모를 끝까지 신뢰하고 사랑했던 것은 책과 가족 캠핑으로 비롯된 추억 때문 아닐까 싶다.

테라오 겐 가족은 낙천적이고 인생을 즐길 줄 알았던 어머니 덕분에 넉넉지 않은 가정 형편에도 불구하고 많은 여행과 캠핑을 즐겼다. 창업자의 책을 읽다 보면 캠핑 이야기가 자주 등장한다. 가족 캠핑에 어떤 특별한 힘이 있는 것일까? 캠핑을 가면 부모와 자식들이 힘을 합쳐서 텐트를 세우고 불을 지핀다. 밤새 많은 대화도 할 것이다. 가족끼리 어떤 목적을 이루기 위해서 협력하고 속 깊은 이야기를 나누는 것만큼 가정의 화목과 자식 교육에 좋은 것이 또 있을까.

이 세상에 여행과 독서보다 더 좋은 학교는 없다. 성공한 창업자라고 해서 모두 명문 학교를 졸업한 것은 아니다. 그러나 성공한 많은 창업자가 책벌레였고 가족 여행을 많이 다녔다.

희망 직업이라는 나쁜 질문

테라오 겐은 17세에 학교를 그만두었다. 사고뭉치 친구들과 어울렸던 중학교 시절과 달리 착한 학생만 모여서 공부에 집중할 수 있었던 고등학교를 왜 그만두었을까? 타라오 겐의 자퇴는 『가자, 어디에도 없었던 방법으로』를 읽으면서 느꼈던 가장 놀랍고 충격적인 기행이었다. 테라오 겐은 학교에서 나눠 준 '희망 직업'이라는 질문지에 답을 하기 싫어서 학교를 떠났다. 이 구절을 읽다가 하마터면 내 직업을 그만둘 뻔했다. 내가 마침 학교에서 진로 업무를 담당하고 있는 데다 진로 희망이 없는 학생이야말로 가장 희망이 없는 학생이라고 생각해왔기 때문에 의아스럽고 놀라운 대목이었다. 우리나라 교육은 진로 교육에 적잖이 관심을 가진다. 각 학교에 진로만을 전담하는 교사를 배치하고 '진로와 직업'이라는 교과목도 존재한다. 예전에는 학생부에 진로 희망 사항란이 따로 있었고 희망 사유도 기재하게 돼 있었다. 최근에는 이 칸이 없어졌지만, 여전히 진로 활동란 아래에 희망 분야라는 이름으로 학생들에게 넌 장차 무슨 일을 할 거냐고 묻는다. 나는 이 질문이 자연스럽고 필요하다고 생각했다. 학생들이 장차 어른이 되어서 무슨 일을 할지 일찍 정하고 차근차근 준비해나가는 것이 중요하다고 생각했다. 그런데 테라오 겐의 생각은 달랐다.

그는 진로 희망란에 대답하는 것을 무한한 가능성에 대한 배신으로 여겼다. 가진 것은 가능성밖에 없는 청소년에게는 무책임한 질문이며 이 질문에 대답한다면 자신이 지닌 수많은 가능성을 스스로 닫아버리는 것이나 다름없다고 생각했다. 결국 이 질문에 대한 거부감이 걷잡을 수 없을 만큼 커졌고 마침내 학교를 떠나버렸다. 진로 교사인 나로서는 자괴감이 극에 달했다. 테라오 겐은 결국 자신의 선택이 옳았다는 것을 증명했다. 오늘의 발뮤다를 있게 한 정체성이라고 할 수 있는 디자인 공부도 전망을 생각해서 계획한 것이 아니고 우연히 시작했으니 말이다. 테라오 겐의 생각이 일리가 있다고 동의하지 않을 수 없었다. 마음껏 독서와 여행을 하며 황야를 향해 나가고 자유를 만끽하다 보면 좋아하는 일을 자연스럽게 만나게 되는데 왜 일찌감치 선택의 폭을 줄이느냐는 것이다. 테라오 겐은 인생 계획을 세워봐야 뜻대로 되지 않는 경우가 많고 계획대로 산들 너무 따분해진다고 생각한다.

이 독특한 가치관은 사업에서도 빛을 발한다. 시장 분석을 해서 소비자의 기호와 추세를 고려한 다음에 상품을 개발하는 게 아니고 자신이 좋아하는 상품을 선호하는 방향으로 개발하고 보자는 전략이다. 어느 밴드가 시장을 분석한 다음에 어떤 사운드를 만들지 결정하느냐는 게 그의 논리다. 밴드가 소비자의 취향을 먼저 살피지 않듯 자신도 만들고 싶은 상품을 본인 취향대로 먼저 만들었다. 애플 노트북 냉각 스탠드가 그가 만든 첫 상품이다. 왜 하필 윈도 노트북보다 사용자가 훨씬 적은 애플 노트북 전용 상품을 선택했을까? 애플 노트북 사용자는 상대적으로 적지만 그들은 고집이 세고 까다로운 취향이라 자신들만의 커뮤니티를 만들고 상품 정보를 공유하는 등 충성도가 높다는 장점에 주목한다. 마이너 시장이라 신제품 출시가 잦지 않다는 점도 유리한 측면이라고 한다.

테라오 겐의 이런 분석의 말을 곰곰 생각해보았다. 정말 나름 이렇게 시장 분석을 했다고? 내 생각엔 그가 이런 장점을 고려해서 일을 벌인 것 같지는 않다. 그는 단순히 애플에서 나온 맥을 사용했고 디자인에도 만족했을 터였다. 그래서 자연스럽게 자신이 좋아하는 제품을 위한 상품을 만들지 않았을까. 진의가 무엇이든, 테라오 겐의 선택은 탁월했다. 하고 싶은 일이 무엇인지 발견한다는 건 계획하고 준비한다고 해서 가능한 것이 아닌, 우연한 계기로도 이루어진다는 사실을 어린 시절 아버지에게서도 배웠다. 일정한 직업이 없이 신문이나 우유 배달을 하고 하수도 공사판을 전전하던 그의 아버지는 어느 날 슈퍼마켓에 붙어 있는 도예 교실 포스터를 보고 전율을 느꼈다. 불과 6개월 뒤에 그는 가게에 자신의 작품을 전시하는 도예가가 되었다. 하고 싶은 일을 발견하면 목숨을 걸어서라도 해야 한다는 도전 정신은 어머니에게 배웠다. 사람은 무슨 일이 있어도 인생을 즐겨야 한다는 신조로 사는 그의 어머니는 수영도 할 줄 모르면서 아름다운 하와이 바다를 즐기기 위해서 스노클링을 하다가 사고로 목숨을 잃었다. 무모했지만 이보다 더 아름다운 도전이 있을까. 부모의 살아가는 방식과 가치관이 테라오 겐의 삶에도 자연스럽게 묻어난다.

책을 읽어가면서 나는 초조해졌다. 성공한 창업자 자서전에서 모두가 배울 만한 새로운 생각을 정리해 독자에게 소개하는 걸 이 책의 목표로 삼았는데, 부단히 책장을 넘겨도 부자가 되고 사업을 잘할 수 있는 비결을 말해주지 않으니 말이다. 엉뚱한 이 저자가 책만 팔아먹고 사업 노하우는 알려주지 않으려는 심산인가 걱정돼 남은 쪽수를 헤아려가며 읽어나갔다.

모르는 것은 죄가 아니다, 공부하면 된다

테라오 겐은 모르는 게 너무 많았다. 만들고 싶은 물건이 있지만, 도면을 잘 그리지 못했다. 컴퓨터 지원 설계 프로그램인 캐드CAD가 무엇인지도 몰랐다. 다만 그는 좌절도 모르는 사람이었다. 그는 당황하지 않았다. 캐드가 무엇인지 알아낸 다음 무료 체험판을 내려받은 뒤 서점으로 달려갔다. 책을 통해 독학으로 캐드를 공부한 것이다. 재미있는 건 캐드의 기본 기능 이외에는 일절 찾아보지 않았다는 점이다. 그에게 다른 건 도무지 필요가 없었다. 물건을 만드는 데 필요한 기본 숫자 원리도 물건을 만들면서 배웠다. 가령, 지름이 1센티인 동그란 구멍에는 역시 지름이 1센티의 원주가 들어갈 수 없다는 것이다. 어떤 공간에 물건이 들어가려면 조금이라도 크기 차이가 있어야 한다. 딱 맞게 들어가기 위한 크기 차이는 0.025밀리미터다. 이런 기본 지식을 당장 필요한 것 중심으로 습득해나갔다. 회사를 설립하는 방법도 몰랐던 그는 인터넷 검색을 통해 절차를 파악했다. 놀라운 일도 아니지만, 정관定款을 한자로 쓸 줄 몰랐다. 그러나 사업을 한다는 것이 테라오 겐에게는 뮤지션이나 대문호가 되고 싶어서 살던 시절과 조금도 다르지 않았다. 성공 여부를 제쳐두고 오직 자신이 좋아하는 일을 해온 사람다웠다. 가슴 설레는 일을 하는데 어떻게 포기하고 좌절하겠는가. 포기와 좌절을 모르는데 또 어떻게 실패하겠는가. 하고 싶은 일을 한다면 시간을 낭비할 일이 없다. 좋아하고 재미난 일을 한다면 하루가 48시간이면 좋겠다고 생각한다.

거절은 또 다른 시도의 시작일 뿐

테라오 겐만큼 거절을 많이 당해본 사업가가 있을까 싶다. 하긴 거절도 계속 당하다 보면 숨 쉬는 것처럼 익숙해지긴 한다. 간신히 완성한 도면을 들고 이를 제작해줄 공장 내부를 보고 싶었지만 무수히 거절당했다. 그러던 끝에 가스가이 제작소라는 사업 파트너를 만났다. 정부 지원금을 타기 위해서 수없이 많은 지원서를 작성했고 또 그만큼 거절당했다. 자금 조달을 위해서 갈 수 있는 모든 은행에 찾아갔다. 당연하다는 듯 거절당했다. 그나마 대출 과정에서 받은 게 있다면 돈 빌릴 열정을 차라리 회사를 다시 일으켜 세우는 데 쓰라는 충고였다. 그럼에도 그는 또다시 시도하고 또 시도했다.

『가자, 어디에도 없었던 방법으로』를 다 읽고 옮긴이의 글을 읽다가 빵 하고 웃음이 터졌다. 테라오 겐, 이 사람은 자서전의 번역을 의뢰할 때에도 '의문의 메일'을 보냈다. 마치 은행에 대출을 해달라고 부탁하듯이 말이다. 얼마나 거절에 이력이 났으면 그랬을까. 사업가에게 필요한 기본 자산은 재능과 자금이겠지만 가장 중요한 건 거절에 좌절하지 않는 무던함이 아닐까. '불가능을 증명하는 것은 불가능하다'는 말을 되뇌며 언제나 가능성을 보는 사업가라면 결국 성공할 수밖에 없다. 남극이나 에베레스트산도 인터넷을 뒤지면 가는 방법을 알 수 있는 세상이다. 그래서 발뮤다는 긍정적인 사고를 가진 사원을 채용하려고 애쓴다. 부정적인 생각은 아무 결과도 낼 수 없지만 긍정적인 생각은 비록 실패할 가능성이 있다 해도 좋은 결과를 만들어내기 때문이다.

트렌드를 전혀 의식하지 않는 제조업자

발뮤다는 유행을 의식하지 않는다. 최첨단 기술을 이용해서 앞서가는 물건을 만들자는 생각도 하지 않는다. 그럼 발뮤다는 대체 무엇을 연구하고 생각하는가? 발뮤다는 오직 '무엇을 해야 인간이 좋아하는가'만 생각한다. 누구나 기뻐할 만한 요소를 갖춘 상품을 출시하면 반드시 성공한다는 확고한 믿음만 있을 뿐이다. 가령, 기존의 선풍기 바람을 싫어하는 사람을 위해서 최대한 자연의 것과 비슷한 공기 흐름을 만들어내는 발뮤다 선풍기는 사용자에게 기쁨을 주는 제품이다. 인간이 느끼는 불편함을 없애고 즐겁게 만들어줄 수 있는 물건을 만든다면 다른 회사의 동태를 살피지 않아도 되고 경쟁자도 없다고 발뮤다는 판단한다. 바람이 더 세거나 에너지 효율이 더 높다는 식의 타사 제품과 비교할 수 있는 제품은 아예 만들지 않는다. 다른 회사 제품보다 성능이 우수한 물건을 만드는 것이 아니고 다른 회사에서 만들지 않는 제품을 추구한다. 다만 의문은 들었다. 발뮤다에서 생산하는 고가 제품을 모방해 저가에 파는 경쟁사가 나타날 수 있다는 걸 간과하고 있진 않나? 이 문제에 대해서도 테라오 겐은 매우 독창적인 생각을 한다. 다른 회사에서 발뮤다 제품을 카피하는 것은 그만큼 자사 제품이 독창적인 가치가 있다는 뜻이며 시장에서 발뮤다 제품을 인정하는 증거라고 여긴다.

15초 안에 상대를 설득하는 요령

테라오 겐은 15초 안에 다른 사람을 설득해야 한다고 강조한다. 방법은 무엇일까? 상대에게 '그거 좋네'라는 '그림'을 그리고 하면 설득된다는 것이다. 가령 자동차를 판매하는 세일즈맨이 고객을 만날 때 연비와 성능 그리고 가격으로 고객을 설득하는 것보다는 '이 차를 타면 지나가던 사람들이 눈을 떼지 못할 거예요'라든가 '함께 타는 가족들이 참 좋아할 거예요'라는 식의 설득이 효과적이다. 향수를 생각해보자. 많은 소비자는 향의 특징도 살피지만, 남성이라면 '여성에게 어필하는 향수'를 여성이라면 '남성들이 좋아하는 향수'를 검색해보는 경우가 많다. 향수를 뿌리고 나서 자신에게 호감을 보이는 이성을 그려보는 소비자가 많다. 수치를 앞세워 설득하기보다는 '직원들이 당신이 멋지다고 감탄할 거예요'라는 말처럼 상대에게 좋은 이미지를 떠올리게 하는 것이 효과적이라는 논리다.

이러한 논리를 이용해서 발뮤다는 토스터 광고 사진을 기계가 아닌 누가 봐도 맛있어 보이는 토스트를 중심으로 연출한다. 기계의 성능보다는 발뮤다 토스터로 맛있는 식빵을 먹게 되는 이미지를 소비자에게 전달했고 결국 성공했다.

단순하게 마케팅하라

이제석
광고연구소

이제석은 대학 졸업 전후로 국내 공모전에서 낙방하고 미국으로 건너가 사회적 메시지를 담은 광고 활동을 했다. 독특한 아이디 어를 인정받아 광고 관련 단체들에서 수상했으며, 25세인 2007 년 '원 쇼 칼리지 페스티벌'에서 1등을 수상하며 국내에도 이름을 알리기 시작했다. 언론에서는 '세계 광고업계를 강타한 지방대 졸 업생' '광고천재 이제석'이라는 이미지를 구축했다. 현재 이제석 광고연구소는 국내 활동에 주력하며 여러 공공 기관과 관련된 다 양한 홍보물을 제작 중에 있다.

LEE JE SEOK

누구나 다 만들 수 있을 것 같은 광고

초·중·고교 시절 선생님의 지시에 따라 범죄, 불우 이웃 돕기, 간첩 신고에 관한 공익 포스터를 그려낸 것 말고는 공익 광고와 인연이 없는 나이지만, 몇 편의 이제석 광고를 보고 그가 뛰어난 광고장이라는 것을 알게 되었다. 천재적인 B급 감성 글쓰기 작가라는 점도 확신한다. 『광고천재 이제석』을 읽어나가면서 느꼈다. 확실히 이 사람은 점잖거나 보수적이지 않고 도전적이고 기발하다. 광고에서 재미를 무엇보다 중요시하는 사람이기에 글도 참 재미나게 쓴다. 가령 이런 글이다.

일본에는 왕따 문화가, 미국에는 무관심 문화가 있었다. 이런 놈들도 클래스메이트라고 나는 한 놈 한 놈 관찰했다. 모두 한칼 하는 자들 같았다. 그래도 '물건'들을 한꺼번에 모아놓으니 그놈이 그놈이었다. 다들 자기가 잘나고 특별할 줄 알았는데, 뉴욕에서는 눈에 띄지 않는 평범한 인간으로 전락하니 적응이 안 되는 눈치였다. 모두들 '나는 누구인가' 고민하는 듯했다. 정체성 혼란이라고나 할까, 뭐 그런 걸 겪게 되니 누구에게 선뜻 다가가기가 쉽지 않은 것이다. 그들은 도움이 안 될 것처럼 보이는 나 같은 동양인과는 말도 섞지 않으려 했다(『광고천재 이제석』, 40쪽).

물론 『광고천재 이제석』을 읽다 보면 겸손을 최고 가치로 두는 독자에게는 불편하게 느껴지는 허세라고 할지 자기애가 엿보이기도 한다. 다만 이 책을 끝까지 읽는 독자라면 그런 생각에서 예외다. 광고를 향한 진정성은 누구에게 뒤지지 않고 힘없는 자를 대변하는 공익 추구는 아무나 할 수 있는 일이 아니기 때문이다. 그의 이야기를 읽다 보면 천재성보다는 공익을 추구하는 태도에 더 감동하게 된다. 너무 잘난 척한다는 거부감이 들다가도 공익 광고에 몰두하는 모습을 보면 누구라도 모자를 벗고 존경심을 표시하게 되리라. 영리 사업을 공익과 연결하는 일이란 어렵고 고단하지만 대중이라는 무보수 직원을 두는 것과 마찬가지가 아닐까. 공익 광고로 큰돈을 벌기는 힘들어도 대중에게 '좋은 일'을 하는 회사라는 이미지를 주기 때문이다. 게다 공공 기관은 돈을 떼어먹지 않는 바람직한 습성이 있다. 그는 천성적으로 둘러서 이야기하지 않기 때문에 그의 광고도 직관적인 메시지를 추구한다. 독자가 다소 불편하게 느낄 만한 직선적인 어투도 그의 삶과 직업 철학에서 나왔지 거만한 마음에서 나온 것이 아니다.

간혹 광고천재 이제석이 아니라 표절천재 이제석이라고 비판하는 사람도 있는데 나는 이제석의 글을 읽고 그는 '진짜'라는 것을 의심하지 않게 되었다. 그의 글은 맛깔스럽고 유머가 넘치며 진솔하다. 이런 글을 쓰는 사람이 타인의 창의력을 훔칠 리만무하다는 게 개인적인 의견이다. 세계 3대 광고제의 하나인 '원 쇼 칼리지 페스티벌' 1등, 광고계의 오스카상이라는 '클리오 어워드' 동상, 미국 광고협회 '애디 어워드' 금상을 비롯해 국제 유명 광고제에서 40여 차례 수상한 이력까지 의심할 수는 없지 않은가. 학벌로 줄 세우고 인맥으로 뭉치는 한국 광고계에서 철저히 무시당하다 500달러를 들고 상업주의의 본고장 미국으로 건너간 지 1년 반 만에 미국 광고계가 놀랄 만한 성과를 거둔 것만으로도 충분히 존경을 받을 만한 인물임에 분명하다.

단순하고 쉬운 그의 광고를 보고 누구나 다 만들 수 있는 것이라고 평가절하하는 사람도 있지만 기억하자. 백남준 선생의 비디오 아트를 보고 이렇게 말하는 사람이 있었다. "모니터 몇 개 쌓아둔 게 무슨 예술이냐? 고물상이지." 얼핏 단순한 광고인 듯하지만 사진을 컬러로 할지 흑백으로 할지, 서체와 글자 크기, 배치를 어떻게 할지로 시작되는 수많은 선택의 기로가 존재한다. 좋은 광고는 그렇게 많은 적절한 선택의 결과물이다. 이제석 광고는 단순하지만 효과적으로 메시지를 전달하는 최적의 선택으로 이루어진 아름다운 그림이다.

진리는 단순하다

이제석 광고는 누가 봐도 독특하고 신선하다. 그러나 이제석은 특이하고 새로운 이미지를 선호하지 않는다. 이제석을 대표하는 광고에 등장하는 이미지를 살펴보면 담배꽁초, 굴뚝, 컵라면, 삼각김밥, 연필처럼 누구나 주변에서 쉽게 보는 친숙한 사물들이다. 이런 물건이어야 일곱 살짜리부터 일흔이 넘은 노인에 이르기까지 쉽게 이해한다. 이런 물건이 광고의 주인공이어야 100년이 지나도 촌스럽거나 낡아 보이지 않는다는 것이 이제석 광고의 철학이다. 이런 평범하고 흔한 물건으로 누가 봐도 한눈에 감탄을 자아내는 독특한 이미지를 만드는 것이 이제석 광고의 천재성이다.

둘러서 이야기하지 않고 직관적으로 다가가는 이제석 광고 전략은 회사 이름에도 고스란히 적용된다. '이제석 광고연구소'라는 회사 이름만 보아도 이제석이라는 사람이 광고를 연구하고 만들어내는 회사라는 것을 누구나 알 수 있다. 가령, 우리 동네에는 업종을 알 수 없는 문구를 유리창에 새긴 가게가 하나 있다. "당신의 진정한 휴식 시간은 언제인가요?" 무엇을 홍보하는지 쉬이 알 수 없는 이 가게는 몸에 좋은 진액을 파는 건강원이다. 이제석 광고연구소 홈페이지도 직관적으로 정보를 제공한다. 아무 특징 없는 명조체로 된 회사 로고가 홈페이지 상단에 대문짝만 하게 들어가 있다. 그 아래로는 그동안 진행한 공공 디자인과 공익 캠페인 이력이 빼곡히 나열되어 있다. 기업의 홈페이지로서 이보다 더 효율적인 홍보 방법이 있겠는가.

비주얼로 경쟁하라

골프 라운딩을 할 때 어려운 코스에서 캐디에게 어떻게 치면 되냐고 물을 때가 있다. 돌아오는 대답은 "잘 치시면 돼요"다. 누가 그걸 모르는가. 아주 맥 빠지는 대답 같지만 질문 자체가 잘못되었다. 평소에 연습을 열심히 하지도 않았으면서 무슨 특별한 비결이라도 있는 양 질문하는 골퍼를 보면 캐디는 무슨 생각을 하게 될까? 평소 치열하게 연습했거나 실력이 좋은 골퍼는 그런 하나 마나 한 질문을 하지 않는다. 이제석도 그렇다. 공모전에 출품할 때마다 굵직한 상을 휩쓸자 미국의 동료 학생들이 비결을 물었다. 이제석은 "그냥 열심히" 하면 된다고 말했다. 동료 입장에서는 얼마나 맥 빠지는 소리겠는가. 하지만 노력하지 않는 동료에게 이제석이 말하지 않은 비결이 있다. 바로 '비주얼로 경쟁하여라'가 그것이다.

이제석이 광고에 활용한 주요 요소는 언어가 아니었다. 미국 유학을 앞두고 1년 동안 급하게 미군에게 영어를 배운 사람이 영어를 하면 얼마나 잘하겠는가. 물론 제 앞가림을 하기에는 부족함이 없겠지만 절묘하고 함축적인 좋은 영어로 영어권 소비자들을 움직이고 감동을 주기는 무척 어렵다. 영어가 모국어인 사람에게도 어렵기는 마찬가지다. 그러나 그림은 다르다. 그림은 장벽이 없다. 그림이야말로 만국 공통어다. 그림으로 핵심을 찌르는 것이 이제석 광고가 국제 공모전에서 상을 받은 비결이었다. 공연 예술 난타가 지난 20년간 43개국에서 3,500회 이상 공연된 것도 따지고 보면 비언어적 퍼포먼스라는 점이 크게 도움이 되었다. 신나는 비트와 역동적인 몸짓이 전달하는 메시지에는 국경이 없다.

아이디어는 어떻게 나오는가?

이제석은 오감을 자극하는 광고를 좋아하지 않는다. 억 소리 나는 모델료를 주어야 하는 스타에 의지할 생각도 없다. 그렇다고 전세기를 동원해서 해외 촬영 하는 물량 공세도 원하지 않는다. 이제석 광고는 철저하게 아이디어로 경쟁한다. 소비자에게 어필하고 기업과 브랜드 이미지를 키우는 아이디어만을 찾는다. 아이디어가 아닌 다른 방법으로 광고하는 것은 광고인의 책임 회피라고 본다. 그럼 이제석 광고는 아이디어를 어떻게 구하는가? 대답은 간단하고 명료하다. "광고주와 동거하라." 광고를 만드는 소재는 광고 회사 직원이 아니라 광고주에게서 나온다고 믿는다. 광고 회사 직원이 탁월한 능력으로 대단한 광고를 만드는 것이 아니고 광고주 마음을 읽다 보면 좋은 광고가 나온다는 뜻이다. 클라이언트에 관한 조사 보고서를 거의 박사 학위 수준으로 쓸 만큼 공부하고, 팔아야 할 제품과 온종일 지내다 보면 자아가 사라지고 광고주와 제품 속에 흠뻑 빠지게 된다. 그다음부터는 온 세상이 광고주와 팔아야 할 상품과 오버랩되는 무아지경에 이른다는 것이다. 이제석 광고의 아이디어는 이 무아지경에서 나온다. 이 무아지경이야말로 이제석이 광고를 짜내는 일을 멈출 수 없는 이유다.

공익 광고를 만드는 이유

일본에서 제일 잘나갔던 광고인이 유서를 남기고 고층 빌딩에서 투신했다. 그가 남긴 유서에는 "광고는 거짓말이다"라고 적혀 있었다. 수시로 소비자를 우롱하고 속이는 광고를 만들어야 하는 광고인의 고충이 적나라하게 드러난 사건이었다. 중학생 때부터 광고를 전공하고 싶다는 딸아이에게 나는 이 문제를 들먹이며 교육대학 진학을 권했다. 딸아이는 내 생각과 달랐다. 본인은 광고가 너무 하고 싶고 광고를 만들면서 행복하고 보람 있는 인생을 살고 싶다고 했다. 무엇보다 소외된 이들을 돕는 공익 광고를 하고 싶다고 말했다. 아마 그즈음이었을 것이다. 딸아이 손에 『광고천재 이제석』이 들려 있었던 때가. 이제석 광고연구소에 입사하고 싶다는 포부를 말하는 것으로 우리의 짧은 논쟁은 끝났고 결국 관련 학과만으로 수시 원서 여섯 장을 채우더니 제 고집대로 대학에 진학했다.

당시 딸아이는 좀 더 예쁜 신발, 좀 더 쾌적한 아파트를 파는 광고보다 발이 시려서 동동거리는 사람에게 따뜻한 신발을 신겨주고 한 평 머물 곳이 없는 소외된 이에게 머물 곳을 제공해 주는 광고를 만드는 것이 더 행복하고 보람이 있다고 생각하는 이제석 광고의 철학에 깊게 공감한 모양이다. 공익 광고를 만들어서 타인을 돕는 사람이 되겠다는 딸아이의 말을 듣고 다른 의견을 말할 수 없었다. 딸아이가 꼭 그런 일을 했으면 좋겠다는 생각만 했을 뿐이다. 물론 대학생이 된 지금의 딸아이가 여전히 중·고등학교 시절과 똑같은 목표만을 품고 있진 않다. 다만 물건을 많이 파는 광고가 아니라 약자를 대변하는 광고를 추구한다는 철학이 이 땅의 많은 청소년에게 세상을 보는 또 하나의 관점을 제공해주었다는 것은 분명하다. 이제석 광고가 가지고 있는 이런 순기능 때문에라도 나는 그를 존경한다.

판매량 증가만을 목적으로 하는 광고는 태생적으로 과대 광고가 될 가능성이 크고 그 제품을 구매하지 못하는 소비자에게 상실감을 안겨줄 수 있다. 이제석은 이런 광고계 풍토가 체질에 맞지 않았기에 가진 소수가 아닌 못 가진 다수를 위한 광고로 눈을 돌렸다. 현재 이제석 광고연구소는 공익 광고로 80퍼센트 이상의 일감을 채운다.

공익 광고의 길은 어렵고 고달프다. 상업 광고는 '좀 더 편리하고 고급스럽게' 살자는 취지인데 공익 광고는 '생존 문제'에 가깝다. 공익 광고는 빈곤, 기아, 안전, 전쟁, 환경 문제 등을 다루기 때문이다. 공익 광고가 우리 사회에 절실한 것은 사실이지만 만들기는 더 어렵다. 왜냐하면 상업 광고는 '더 좋은 것'을 제안해주니 소비자의 호기심을 끌어내지만 공익 광고는 전기를 아껴 쓰라는 식의 '잔소리'에 가깝기 때문이다. 잔소리를 광고로 만들자면 상업 광고보다 더 기발하고 재미난 아이디어가 필요하다.

공익 광고가 돈을 벌지 못한다는 것은 누구나 알 만한 상식이다. 실제로 이제석 광고연구소는 공익 광고 제작에 대한 대가로 홍보용 USB 여러 개를 받은 적도 있고 피자 두 판을 사례로 받기도 했다. 그렇다고 공익 광고가 아예 돈과 인연이 없는 것은 아니다. 이제석 광고연구소가 만드는 공익 광고는 당장 돈이 되는 것은 아니지만 출판, 드라마, 공연, 전시와 같은 다양한 형태의 문화 콘텐츠 사업으로 이어졌다. 또 공익 광고는 인간의 생존과 관련된 문제이니 인류의 역사가 마감되지 않는 한 영구 의뢰인을 확보한 셈이다. 더구나 이제석 광고연구소는 공익 광고에 집중한 결과 공익 광고 업체로서는 독보적인 위치를 점하고 있으니 나름의 식량은 충분히 확보한다.

물론 이런 성과는 "광고가 예술 작품이냐? 물건 잘 파는 광고가 장땡이지!"라는 비아냥을 무시하고 묵묵히 자기 길을 걸어온 결과라고 할 수 있다. 광고가 반드시 다른 사람 물건을 팔아주는 '수단'일 필요는 없으며 광고 자체가 '상품'이 될 수 있다는 철학을 따른 열매이기도 하다.

항상 좋은 컨디션을 유지한다

많은 운동선수가 컨디션 조절의 귀재다. 권투 선수는 경기 전까지 체중을 조절하면서 훈련을 해야 하고, 야구의 선발 투수는 등판 일정에 맞춰서 매일의 루틴을 정확하게 지킨다. 메이저리그에서 활약한 박찬호 선수는 술과 담배는 물론 속을 불편하게 할 수도 있는 찬물은 멀리하고 미지근한 물만 고집했다. 이제석은 마치 프로 운동선수처럼 최상의 컨디션에서 아이디어를 짜낸다. 많은 창작자가 술과 담배, 밤샘 작업을 시그니처로 생각하는 경향이 있지만 이제석은 금주 금연은 기본이고 수면 습관도 규칙적이다. 영감을 얻기 위해서 뭘 야단스럽게 유별난 행동도 하지 않는다. 그 대신 조용히 명상을 즐길 뿐이다. 그런 규칙성으로 얻은 최상의 컨디션 속에서 아이디어를 도출해낸다. 이제석 광고의 천재성은 건강한 마음과 육체에서 비롯된다고 할 수도 있다.

호랑이는 굶어 죽어도 풀을 뜯지 않는다

이제석 광고연구소가 직원 월급도 주기 어려웠던 시절, 정체를 알 수 없는 다단계 회사가 수억 원짜리 프로젝트를 제안했다. 뒷조사(?)를 해봤더니 썩 좋은 회사가 아닌 것 같아서 거절했다. 그냥 일감을 받고 우리가 했다고 말하지 않으면 되지 않느냐는 직원의 볼멘소리에 이제석은 나쁜 사람이 잘되는 꼴은 죽어도 못 보겠고 그런 사람을 위해 일을 한다는 자체가 재능을 욕되게 하는 짓이라고 말했다. 좋은 선택이었다고 생각한다. 이제석 광고연구소는 공익 광고로 먹고사는 회사다. 세상에 비밀이란 없다. 언젠가 그런 회사를 위해 일했다는 소문은 반드시 날 것이며 그러면 어떤 공공 기관이나 시민 단체에서도 이제석 광고연구소에 일을 맡기지 않을 것이다.

연예인이나 스포츠 스타가 사채 광고 모델을 하고 나서 나락의 늪으로 빠지는 것을 여러 번 보았다. 반면 거액을 보장받는 일본 전범 기업 광고를 거절한 배우는 애국 배우라는 존경과 이미지를 얻는다. 연예인에게 이미지만큼 중요한 덕목이 어디 있는가. 회사는 개인보다 이미지가 더 중요하다고 생각한다. 매출은 노력하면 언제라도 만회할 수 있지만 한번 실추된 기업 이미지는 수십 년 노력해도 개선하기 어렵다. 이미지는 돈으로도 살수 없다.

이와 비슷한 맥락의 일화는 러시아 대문호에게서도 찾아볼 수 있다. 도스토옙스키가 자꾸 움직이면 더 배가 고프니까 가만히 앉아서 독서만 했던 시절의 일이다. 솔깃한 제의를 받았다. 한 출판사가 3,000루블(현재 가치로 5,000만 원)을 제시하면서 1년 안에 장편 소설을 완성해달라고 요청했다. 다만 약속을 지키지 못하면 향후 9년 동안 출간하는 모든 책의 저작권을 출판사에 양도한다는 조건이었다. 빚과 굶주림에 시달렸던 작가는 이 계약에 사인했고 어영부영하다가 원고 마감 기한이 한 달도 남지 않게 되었다. 다급해진 것은 작가의 친구들이었다. 원고를 기한까지 넘기지 못하고 저작권을 출판사에 뺏기면 지금까지 도스토옙스키에게 빌려준 돈을 받을 가능성이 사라지는 데다 앞으로도 돈을 계속 빌려줘야 하기 때문이다. 긴급 대책 회의 끝에 친구들은 묘안을 냈다. 친구 각자가 한 장씩 원고를 써서 소설 한 권을 대충 기한 내에 출판사에 넘긴다는 생각이었다. 소설을 한 권 쓰면 되지 잘 써야 한다는 조항은 계약서에 없었다. 도스토옙스키는 친구들의 제안을 단박에 거부했다. 자존심이 도저히 허락하지 않았다. 결국 도스토옙스키는 속기사 안나를 채용해서 27일 만에 극적으로 소설 『노름꾼』을 완성해서 출판사에 넘겼다. 만약 그때 도스토옙스키가 친구들의 제안을 받아들였다면 오늘날 그를 대문호로 기억하는 사람은 많지 않을 것이다.

이제석이 어려웠던 시절, 사회적으로 물의를 일으키고 문제적 기업의 광고 제안을 받아들였다면 오늘의 이제석이 되지 못했을 것이다. 몇 건에 대한 표절 논란은 있었다. 하지만 이제석의 말대로 광고는 인용의 예술이며, 과거의 광고와 조금도 비슷하지 않은 전혀 새로운 광고를 찾기란 어렵다는 이들의 말도 일리가 있어 보인다. 물론 창작물을 두고 이루어지는 표절 논란도 중요한 문제이지만, 그 이전에 이제석의 광고 철학에 집중한다면 우리에게 도움이 되는 삶의 기술과 지혜를 얻을 수 있을 것 같다.

문화와 공익을 팔라

스타벅스

STARBUCKS

1971년 제럴드 볼드윈 외 두 명이 고급 커피 원두와 장비를 판매하는 소매점을 공동 창업했다. 작은 원두 소매점이었던 스타벅스에 하워드 슐츠라는 마케팅 담당자가 영입되었고 후에 회사를 인수하기에 이르면서 폭발적으로 성장한다. 관리 기법, 균일한 커피 품질, 세련된 매장 디자인, 초록색 세이렌 로고로 대표되는 브랜드 정체성이 확립되고, 이후 미국 전역을 넘어 아시아, 남아메리카에 퍼져가고, 현재 유럽식 커피의 본고장인 프랑스, 스페인, 이탈리아도 공략하며 전 세계 75개국에 진출해, 약 2만 8,000개의 매장을 보유하고 있다.

『그라운드 업』, 하워드 슐츠 · 조앤 고든, 안기순 옮김, 행복한북클럽, 2020

공간을 팝니다

전 세계에서 석유 다음으로 교역량이 많은 상품이 무엇일까? 2017년 통계 조사에 따르면 이 물음에 대한 정답은 커피다. 세계인 대부분이 커피를 마신다. 2017년 기준 하루에 25억 잔이 팔리는 제품이 커피다. 다른 음식과 마찬가지로 소비자들은 커피를 맛과 향 그리고 가격이라는 논리적인 요소에 근거해서 선택한다. 다만 커피 구매 결정에는 독특하게도 소비자의 논리적이고 합리적인 요소에 감성과 문화라는 결정적인 항목이 더해진다. 아니, 커피라는 상품은 논리적으로 설명할 수 없는 감성적인 요소에 따라 구매가 결정되는 경우가 더 많다. 가격과 품질보다는 디자인, 브랜드, 독특함에 대한 선호도를 충족시키는 소비 성향의 중심에 커피가 있다.

매장을 선택할 때도 가격이나 품질보다도 '분위기'를 중요한 선택 요소로 삼기도 한다. 커피 전문 브랜드 중에서 가장 인기가 높은 커피 판매장은 스타벅스다. 커피는 기호식품이다 보니 당연히 개인마다 취향이 다르고 평가가 다르다. 스타벅스 커피가 가장 맛있다고 단언할 수는 없다. 그런데도 스타벅스가 압도적으로 시장 점유율이 높은 것은 소비자를 끄는 감성과 문화가 있다는 뜻이다. 뭐랄까. 스타벅스에서 커피를 마시는 행위를 자신의 문화적 정체성으로 삼는 사람도 제법 있으리라 짐작된다. 스타벅스의 위대함은 사람들이 커피를 마시러 가는 것이 아니고 '스타벅스를 마시러 간다'는 사실에 존재한다.

스타벅스에 가는 고객은 커뮤니티의 한 일원이라는 느낌을 받는다. 실제로 스타벅스의 성공 비결 중 하나가 공동체 의식이었다. 1971년 제럴드 볼드윈, 고든 보커, 지브 시글이 미국 시애틀에 설립한 커피 원두 판매사를 1987년에 인수해 오늘날의 스타벅스로 만든 하워드 슐츠의 성공 비결 중 하나가 공동체 의식이었다. 하워드가 인수하기 전에 스타벅스는 좋은 원두를 로스팅해서 고객에게 배달하는 시스템에 만족했지만 거기에 그치지 않고 고객들이 커피를 마시는 바를 운영하기 시작했고 그것이 곧 오늘날 스타벅스 성공의 시작이었다.

기술이 발달할수록 온라인 세상은 활성화되고 오프라인은 수축되는 경향이 있지만, 본인의 개성과 가치관을 표현하고 싶어 하는 소비자도 늘어가는 추세다. 이런 소비자들을 겨냥해서 기업들은 물건과 함께 공간을 파는 마케팅에 신경을 쓰게 되는데 스타벅스는 이런 경향의 원조가 되었다. 커피뿐만 아니라 자신들만의 콘텐츠와 문화를 고객들에게 제공함으로써 이른바 공동체 의식을 느끼게 해준다. 스타벅스만의 콘텐츠와 문화는 음료와 같은 자체 메뉴에 더해 텀블러 등의 일반 상품, 프로모션에 따른 굿즈, 매장에서 들려주는 음악과 공간 디자인 등이다. 고객들은 스타벅스의 문화를 함께 누린다는 동료 의식을 형성한다. 전통적 시각에서 보면 스타벅스 매장은 철저하게 상품을 사고파는 장소로 인식되지만, 현대적 관점에서 보면 브랜드의 정체성을 누리는 장소이기도 하다. 상품과 함께 공간과 상표 인지도를 판매하는 하워드의 전략은 어디에서 비롯되었을까?

하워드의 성장 배경은 그리 좋지 않았다. 그의 부모는 노름꾼에게 집을 도박장으로 제공하고 시중을 들면서 생계를 유지했다. 그런 빈민촌에서 자란 하워드가 난생처음 소속감을 느끼게 된 커뮤니티는 가정도 학교도 아닌 임대아파트 단지 안 운동장이었다. 동네 아이들과 뛰어놀면서 하워드는 안전하다는 느낌과 누군가와 함께 있다는 공동체 의식을 느꼈다. 중·고등학교에

다니면서 하워드는 농구와 풋볼 같은 좀 더 격렬한 스포츠를 탐닉했는데 가정에서조차 맛볼 수 없었던 공동체 의식을 느꼈다. 팀 스포츠를 하면서 동료가 자신의 플레이를 칭찬하면서 엄지를 치켜세울 때 누구라도 팀의 일원이라는 소속감과 공동체 의식을 느끼지 않을 수 없다.

결국, 하워드는 게임과 놀이 그리고 팀 스포츠에 몰입함으로써 오늘날 고객들이 스타벅스 매장에서 느끼는 안정감과 공동체 의식이 사람들을 끌어모으는 주요 수단이라는 것을 체득한 셈이다.

기업의 가치는 돈 쓰는 법에서 드러난다

스타벅스를 인수한 지 1년이 지난 1988년에 하워드는 최고의 결정을 내린다. 주 20시간 이상 근무하는 모든 파트타임 직원을 건강보험에 가입시켜주었다. 미국 개인 회사로는 처음 있는 일이었다. 시간제로 일하는 직원에게 건강보험 가입 혜택을 주는 회사가 있더라도 주당 30시간 이상 일하는 직원에 한정되었는데 스타벅스는 주당 20시간 이상 근무하는 모든 직원에게 그 혜택을 주었다. 많은 기업이 비용 절감을 외치고 실천하려고 애쓴다. 정규 직원도 아닌 파트타임 직원에게 건강보험에 가입시켜준 것은 비용 절감 차원에서 매우 엉뚱하고 위험한 발상이었다. 하워드는 다르게 생각했다.

파트타임 직원에게 건강보험 가입이라는 혜택을 주면 비용은 많이 들지만 이직률을 줄이는 효과가 있다. 직장인에게 금전적인 보상을 능가하는 혜택은 드물다. 당시 스타벅스에서 신규 직원을 채용하고 업무 교육을 받게 하는 데 3,000달러가 들었다고 한다. 건강보험 가입 비용은 그 절반인 1,500달러였다. 스타벅스가 파트타임 직원들의 건강보험비로 쓴 1,500달러는 불필요한 지출이 아니라 비용 절감인 셈이었다.

이 조치는 직원들의 애사심을 키웠을 뿐 아니라 기업과 고객의 연결 고리를 중시하는 스타벅스의 사업 모델을 굳건하게 하는 주춧돌이 되었다. 고객들은 기업의 상품이나 서비스만 고려하는 것이 아니다. 매장에서 고객을 응대하는 직원의 태도나 방식도 해당 상품을 선택하는 중요한 요소다. 내 경우를 봐도 그렇다. 20년 넘게 자주 들르는 동네 서점과의 인연이 어떻게 시작되었는지 생각해보면, 그건 서점 주인의 따뜻한 미소와 다정한 응대 때문이었다. 고객들은 확실히 어떤 상품이든 간에 그 제품을 다루는 직원을 보고 선택하는 경향이 높다.

스타벅스도 마찬가지다. 스타벅스에서 오래 일한 경력자들은 단골들의 커피 취향을 잘 파악하고 있을 뿐만 아니라 손님과의 인연도 쌓아나감으로써 회사 발전에 이바지한다. 스타벅스로서는 돈으로 살 수 없는 자산이 아닐 수 없다. 결국 스타벅스라는 다국적 기업도 지극히 전통적이고 본능적인 미덕인 '인연'을 바탕으로 운영된다.

많은 기업이 말로만 애사심을 강조하며 충성을 유도하지만, 스타벅스는 스톡 옵션이라는 실질적 보답을 통해서 직원들의 충성심을 유도하기도 한다. 우리나라 기업에서 이런 보상 체계는 흔히 임원급에게만 적용된다고 알려져 있으나 스타벅스는 파트타임 직원에게까지 제공한다.

스타벅스가 남달랐다는 점은 직원들에게 이런 혜택을 제공한 시점에 있다. 회사가 성장을 거듭할 때가 아닌 수익을 내지 못하는 스타트업 시절에 이미 건강보험과 스톡 옵션을 파트타임 직원에게도 제공했다는 것이다. 하워드는 이런 파격적 조치가 결국 직원들의 충성심과 애사심을 북돋기 때문에 회사 발전에 도움이 된다고 믿었고 그 믿음은 오늘날의 스타벅스를 만들었다.

겸손한 태도

자수성가한 사업가는 카리스마가 넘친다. 운이 무척 좋아서 부자 아빠를 만난 2세 경영자와는 마음가짐이 다르다. 이런 사람은 보통 자신감도 넘쳐서 자기주장이 강하다. 오로지 맨손으로 스타벅스라는 다국적 기업을 일궈낸 하워드가 당찬 목소리로 자신의 주관을 담은 설교를 한다고 해서 그가 교만하다고 생각하는 사람은 많지 않을 것이다. 무언가를 일군 사람들의 가장 흔한 취미는 성공담을 늘어놓는 것이다. 그런데도 하워드는 초롱초롱한 눈으로 자신을 바라보는 미국육군사관학교 생도들에게 '리더십 강의를 하는 것은 적절하지 않다'라고 말하며 오히려 자신이 배워야 한다고 생각했다.

하워드는 사회생활 경험이 전무하다시피 한 20대 초반의 생도들의 말을 먼저 듣는 것으로 대화를 시작했다. 진정한 카리스마는 많은 말이 아니라 묵묵히 듣는 자세에서 나온다. 그들의 이야기를 충분히 들은 뒤에야 하워드는 자신이 생각하는 리더십에 대해 말했다. 성공한 창업자가 아니더라도 많은 이가 다른 사람이 하는 말을 듣기보다 말하기를 더 좋아한다. 더구나 하워드는 커피 원두를 파는 조그마한 회사를 인수해서 24시간 해가 지지 않는 스타벅스라는 제국을 건설한 경영자다. 얼마나 하고 싶은 말이 많겠는가. 그런데도 솜털이 아직 보송보송한 20대 청년들의 말을 들어보겠다고 귀를 기울였다. 그런 면에서 하워드는 겸손하고 타인이 하는 말을 먼저 들을 줄 아는 성품의 소유자였다. 그러한 성정이 스타벅스가 성공하는 데 크게 이바지

했음이 분명하다.

하워드의 낮은 자세는 다른 세대를 존중하는 데에서 기인되었으리라 짐작된다. 보통 세대 차이라는 말에는 상대 세대에 대한 원망이 배어 있다. "나 때는 말이야"라는 표현이 자주 풍자적으로 사용되는 이유가 여기에 있다. 하워드는 자신보다 한참 어린 세대에 편견이 없고 오히려 그들에게 배우겠다는 태도를 보였다. 자신이 나이가 더 많다고, 직업적으로 성공했다고 해서 타인을 가르치겠다는 생각 자체를 하지 않는 사람이 하워드다.

내가 수십 년째 교사로 일하면서 느끼는 것은 날이 갈수록 학생들이 받아들이는 정보는 많아지고 교육 방법과 질이 진보한다는 사실이다. 많은 부모가 자식들이 철없고 세상 물정을 모른다고 생각하지만 사실 그들은 부모 세대보다 훨씬 많은 정보와 더 분명한 자기만의 세계관을 형성해가고 있다. 나 역시 딸아이에게 배우는 것이 많다. 언젠가 딸과 함께 식당에 갔을 때의 일이다. 내가 종업원에게 친절하지 못한 태도를 보인 모양이다. 딸아이는 나지막하지만 분명한 목소리로 충고했다. 식당에 와서 직원들을 대하는 태도를 보면 어떤 사람인지 알 수 있다고. 딸아이가 중학생 때의 일이었다. 내가 유난히 철이 없는 어른인 탓도 있겠지만 나보다 젊은 세대라고 해서 내가 지도해야 한다고 생각한다면 큰 오산이다.

TV에서 중학생 농부가 나온 걸 본 적이 있다. 농기구를 능숙하게 다루고 농사일을 열심히 하며 장차 부농이 되겠다는 꿈을 가진 소년이었다. 그 소년은 할아버지와 밭일을 하면서 천연덕스럽게 "증손주 고손주 볼 때까지 오래오래 사셔야죠"라고 말했다. 반성했다. 내 어머니는 요양원에서 오래 생활하셨는데 가끔 찾아뵈면 "내가 얼른 죽어야 하는데"라고 말씀하셨다. 그런 말씀을 하실 때마다 "괜히 쓸데없는 말씀을 하신다"면서 짜증만 내기 일쑤였다. 왜 한 번도 농부 중학생처럼 "증손주 고손주 볼 때까지 오래 사셔야지"라고 말하지 못했을까. 두고두고 후회스럽다. 삼척동자에게도 분명히 배울 점이 있다는 자세로 귀를 기울이는 문화가 기업에 자리를 잡는다면 그 기업은 분명 크게 성장할 것이다. IMF 직전에 도산한 국내의 한 굴지의 기업은 그 반대였다. 실무진이 밤을 새워가면서 만들어낸 디자인이 고위층의 지극히 개인적인 취향 때문에 반려되는 경우가 허다했다고 한다. 이런 회사일수록 회의를 하면 토론이 아닌 상사의 일방적인 업무 지시로 채워지기 일쑤다. 잘되는 회사는 말단 직원이나 소비자의 의견을 청취하려고 애쓴다. 하워드가 미국육군사관학교 초청 강연 자리에서 연설이 아닌 토론을 한 이유도 여기에 있지 않았을까.

하워드가 그날 강연을 했다면 사관생도를 상대로 성공담이나 개인 철학을 전했다는 자부심은 느낄 수 있었겠지만 국가에 대한 봉사 정신과 리더십이 남다른 20대 초반 젊은이의 목소리를 들을 수는 없었을 것이다.

난민에 대한 새로운 생각

2018년 여름까지 스타벅스는 전 세계적으로 총 1,000명 이상의 난민을 고용했다. 전 세계 스타벅스 매장의 규모를 생각하면 그다지 많진 않다고 생각할 수도 있다. 그러나 2021년 아프가니스탄 정권이 무너지고 탈레반이 재집권하면서 발생한 우리나라 난민 인식을 살펴보면 생각을 달리하게 된다. 무슬림 난민을 많이 받아들이면 범죄율이 높아지고 타 문화를 인정하지 않는 관습 때문에 사회 분란이 심화된다고 생각하는 사람이 많다. 더구나 2018년 도널드 트럼프 전 미국 대통령이 미국에 입국을 허용하는 난민 숫자를 3만 명으로 줄였다는 사실을 고려하면 스타벅스가 난민 채용에 적극적으로 나선 점은 주목할 만하다.

기업가로서는 난민 문제를 윤리적 관점에서만 바라볼 수 없다. 하워드는 인종 차별적 말은 듣는 사람의 영혼을 파괴한다고 믿으며 이에 강하게 반대하고 있지만, 오직 이런 신념 때문에 난민 채용에 나선 건 아니다. 사업적 안목도 작용된 결과다. 스타벅스는 다국적 기업이다. 이러한 기업이 난민을 채용하면 얻는 긍정적인 효과가 있다. 우선 하워드는 미국에 입국을 허락받은 난민의 교육 수준이 상당히 높다는 데에 주목했다. 스타벅스에서 일하는 로스팅 공장 직원과 바리스타 중에는 의사와 변호사 그리고 전직 토목공학자가 많다. 이들의 상당수는 영어에 능통하고 재능이 뛰어나므로 당연히 회사에 대한 기여도가 높다. 스타벅스가 전 세계 다양한 인종을 고객으로 삼는 기업이라는 사실도 난민 채용에 적극적인 이유다. 다채로운 문화와 국적을 가진 고객들을 끌어들이기 위해서는 다양한 배경을 가진 직원들이 필요하기 때문이다.

재향 군인에게 일자리를

성공한 기업들은 자신들만의 인재 발굴 방법이 있다. 아무리 시스템이 좋더라도 결국 인재가 모이지 않는 회사는 성장할 수가 없다. 스타벅스는 재향군인과 그 가족들을 인재의 보고라고 여긴다. 여느 다른 회사처럼 재향군인에게 입사 시험을 치를 때 가산점을 주는 정도가 아니고 스타벅스는 아예 군인과 가족을 채용하는 목표치까지 정했다. 물론 국가를 위해 봉사한 군인 출신을 채용함으로써 스타벅스 또한 국가에 공헌하는 사회적 기

업으로서의 명성을 쌓아갈 수 있지만 그 밖의 긍정적인 효과도
있다.

재향군인회 소속의 전 군인들을 채용하고 그 직원이 스타벅
스에서 즐겁게 근무한다면 다른 재향군인들을 소개하는 결과
를 낳는다. 따라서 스타벅스는 좀 더 수월하게 인재를 확보하는
셈이다. 하워드 말처럼 인재를 꾸준히 데려오는 나름의 체계를
구축했다는 건 일일이 통계 수치로 측정할 수 없는 성과다.

재향군인들은 오랫동안 군대에서 여러 가지 기술을 습득하
고 경험을 쌓은 이들이다. 오랜 단체 생활을 통해서 축적한 리
더십과 조직에 대한 충성심도 재향군인의 큰 장점이다. 군대는
각 분야에서 자기 몫을 다하는 군인을 양성하기 위해서 큰돈과
많은 시간을 쏟아붓는다. 이렇게 길러진 숙련된 경력자를 꾸준
히 직원으로 채용하는 것에 어떻게 가치를 매기겠는가. 군인들
은 스트레스가 높은 상황에서 임무를 창의적으로 해결할 수 있
고 목표 지향적인 사고방식뿐만 아니라 뛰어난 책임감이 있다.
물론 군대에서 맡았던 임무와 스타벅스에서 하게 될 업무는 다
르지만 오랜 군대 생활을 통해 습득한 효율적이고 빠른 업무 처
리 감각은 어디에서나 발휘될 수 있다. 하워드는 거친 폭풍우가
몰아치는데도 F/A-18 전투기가 무사히 항공모함 갑판에 착륙
하도록 유도했던 해군 비행 장교는 이른 아침에 에스프레소를

빨리 고객에게 내놓을 능력이 있다고 확신했다. 기업이 왜 이런 인재를 마다하겠는가.

사회적 공헌, 선택이 아닌 필수다

『그라운드 업』을 읽어나가다 보면 사업 성과 못지않게 일자리 창출과 기부를 통한 사회적 공헌 이야기가 많이 나온다. 하워드가 자선사업가라고 생각될 정도다. 물론 현 시대의 기업에 공익이 필수 임무로 인식되면서 많은 기업이 사회 환원 사업을 한다. 스타벅스 역시 다양한 공헌 사업의 선두 주자로 나섰다. 흥미롭게도 이 결과 얻는 기업의 이익이 크다. 그것은 바로 '이미지'다. 연구 조사 결과, 소비자는 동일한 조건의 상품이라면 사회적 공헌을 하는 기업의 상품을 높은 확률로 선택했다. 특히 스타벅스가 주력하는 환경이나 고용 분야의 사회적 공헌은 법률 지원을 비롯한 다른 분야보다 소비자에게 더 많은 영향을 준다. 최근의 소비자들은 스타벅스의 커피 맛 못지않게 기업이 추구하고 실천하는 사회적 공헌에 매료된다. 첨예하게 이익을 추구하는 기업이 판을 치는 세상에서 조그마한 선행이라도 실천하는 회사를 소비자들이 알아채기라도 하면 천 리를 마다하고 달려가서 '돈쭐'을 내주고야 마는 것이 현대인의 심리다. 스타벅스는 사회 공헌이라는 소중한 이미지와 충실한 고객이라는 실익까지 얻는 셈이다. 2021년 10월, 스타벅스커피 코리아 매장 직원들이 초유의 '트럭시위'를 벌이며 처우 개선과 과도한 마케팅 금지를 요구한 사례가 있다. 스타벅스의 창업 정신을 건강하게만 지켜낸다면, 이러한 불협화음은 나오지 않으리라 믿는다. 스타벅스가 계속 커피를 넘어 문화를, 문화를 넘어 공익을 파는 기업으로 남길 바라본다.

개발하지 말고
개선하라

다이슨

세계 최초 먼지 봉투가 필요 없는 백리스bagless 유형의 청소기를
개발한 제임스 다이슨이 1993년 설립한 영국 가전제품 기업이다.
현재 일반 대중이 쓰는 진공청소기의 주류를 이루는 백리스 타입
청소기는 모두 다이슨 청소기의 영향을 받아 만들어졌다. 2010년
부터 무선 청소기에 주력한 다이슨은, 기존 무선 청소기의 단점
을 보완해 큰 인기를 끌며 유행을 이끌었다. 이후 헤어드라이어,
전기차 등으로 사업 영역을 넓혀가고 있다.

DYSON

『제임스 다이슨 자서전』, 제임스 다이슨, 박수찬 옮김, 미래사, 2017

기성 제품을 혁신하라

가구 디자이너를 꿈꾸던 영국 시골 출신의 제임스 다이슨의 시작은 미미했다. 시골 농장에 딸린 돼지우리에서 커크-다이슨을 설립해 '볼배로Ballbarrow'를 하루에 10~20대 정도 생산한 것이 다이슨의 첫 사업이었다. 이름이 거창해서 그렇지 다이슨이 만든 상품은 최소한 수천 년 동안 인류가 사용해왔던 '손수레'였다. 도시 생활에 염증을 느낀 다이슨은 시골에 있는 300년 묵은 농장을 샀는데 수리할 곳이 너무 많아서 자연스럽게 손수레와 친해질 수밖에 없는 운명이었다.

제임스 다이슨은 발명된 지 수천 년이 지나는 동안 누구도 '내가 이 물건을 좀 혁신해봐야지'라는 생각을 하지 않은 손수레를 탐구하기 시작했다. 기존 제품을 혁신하기는 어렵지만 일단 일궈내면 또 다른 시장이 개척된다는 믿음으로 그가 한 일은 제품의 단점 리스트 작성이었다. 과연 손수레는 많은 단점이 있었다. 바퀴는 쉽게 펑크가 나고 많은 짐을 실으면 옆으로 넘어지기 쉬웠다. 냄새나는 소똥을 손수레에 산더미처럼 싣고 가다가 방금 아내가 말끔하게 청소한 마당에서 넘어지는 참사를 한 번이라도 겪은 사람은 손수레의 이 단점에 진저리를 치리라. 이런 불행한 사태를 만나면 노트북 키보드 위에 커피를 쏟는 것쯤은 지극히 사소한 에피소드에 불과해진다. 구식 손수레는 질퍽한 땅에 종종 빠져서 '구조'해야 하며 잔디 위를 지나면 '흉터'를 남겼다.

이런 단점을 보완해서 만든 것이 제임스 다이슨의 첫 작품 볼배로다. 따지고 보면 대단한 혁신은 아니다. 기존의 얇은 바퀴를 플라스틱 소재를 사용해 큰 공 모양으로 바꾸고 적재함 역시 플라스틱으로 만들어 무게를 줄였다. 작은 변화였지만 기능은 크게 향상되었는데, 웬만해서는 넘어지지 않았고 지나가도 흔적을 남기지 않았으며, 적재함에 실은 내용물이 새어 나가지도 않았다. 다이슨이 개량한 정원용 손수레는 하루에 4만 5,000여 대까지 팔려나갔고 시장 점유율은 50퍼센트에 육박하는 대성공을 거두었다. 쉽게 넘어지는 구형 손수레에 대한 지구 상의 모든 일꾼의 원성이 그만큼 높았다는 방증이겠다.

　세상에 없는 물건을 발명하는 대신에 익숙한 물건을 개량하는 방식을 좋아하는 다이슨 눈에 들어온 그다음 말썽꾸러기는 진공청소기였다. 집안일을 도맡아 하던 다이슨에게 청소기는 또 다른 과제였다. 그가 사용하던 전통적인 진공청소기는 먼지를 빨아들여서 모아두는 봉투(필터)가 내장되어 있었는데 문제는 청소를 시작한 지 몇 분만 지나도 흡입력이 눈에 띄게 떨어지고 새 봉투로 갈아주지 않는 이상 회복될 기미를 보이지 않는다는 점이었다. 다이슨은 청소기를 작동시키고 몇 분만 지나면 공기가 빠져나가는 구멍을 먼지가 막아버리는 문제를 발견했다. 흡입력을 만드는 구멍이 청소기를 작동시키자마자 막히기 시작하는 사실을 누구도 문제 삼지 않았다. 다이슨이 소용돌이 원리를 이용해서 쓰레기는 바닥으로 보내고 공기는 위쪽으로 배출시키는 진공청소기를 만든 덕분에 소비자들은 필터 교환으로부터 해방되었다.

　다이슨이 성공한 것은 세상에 없는 물건을 발명했기 때문이 아니라 일상에서 자주 사용하는 물건의 불편함을 발견하고 개선한 덕분이다. 헤어드라이어만 봐도 새로운 시장은 세상에 없던 물건이나 개념에 의해서만 창출되는 것이 아니다. 원래 사용하던 헤어드라이어는 바람이 나오는 출구가 길어서 마치 망치를 든 기분을 안겨준다. 머리 길이가 짧고 숱이 적은 편인 나도 헤어드라이어를 쓰자면 손목이 아프니 긴 머리를 가진 이들의 고충은 오죽할까 싶다. 특히 여성은 보통 남성보다 손목 힘이 약하다 보니 훨씬 오래 드라이어를 들고 있어야 한다. 어떤 드라이어는 마치 헬스클럽에서 무거운 역기를 들고 운동을 하라는 건가 싶을 만큼 크고 통풍구가 길다. 기껏 사람의 머리를 말리는 도구에서 나오는 그 엄청나고 불쾌한 소음 또한 불편하다.

다이슨의 드라이어는 다르다. 500원짜리 동전보다 작은 모터를 사용해 소음을 줄이고 통풍구 부분의 길이가 짧아서 손목에 힘도 훨씬 덜 들어간다. 아마도 드라이어를 오래 사용하면 생기는 손목 통증과 거친 소음에 주목해 만든 제품이 아닐까. 헤어드라이어는 다이슨이 처음 만든 상품은 아니지만 확실하게 개선돼서 출시됐다.

자기 스타일이 곧 창의력이다

다이슨 인생의 전환은 정원용 손수레를 제작하고 먼지 봉투가 없는 진공청소기를 개발한 것이 아니다. 학창 시절 우연히 시작해 독학으로 공부한 바순 연주와 육상이야말로 다이슨이 여러 가지 역경을 이겨내는 힘과 창의력의 원천이 되었다. 생전

이름도 들어본 적이 없던 바순은 꾸벅꾸벅 조는 할머니 선생님 옆에서 혼자 연습했고 육상은 책으로 배웠다. 다이슨은 학교의 시험 제도가 오히려 창의력을 방해한다고 생각했다. 독학으로 연습할 때는 즐거웠던 연주나 육상이 시험이란 잣대로 평가받으면 고행이 되더라는 것이다.

디자이너로 대성한 그는 타인의 가르침보다는 자신만의 방식을 고수했다. 팝 음악을 대표하는 비틀스의 〈예스터데이〉나 〈렛 잇 비〉는 악보도 읽을 줄 모르는 폴 매카트니가 만들었고, 팝의 황제 마이클 잭슨은 악기 연주는커녕 악보 읽는 법도 몰랐다. 틀에 박힌 교육과 시험은 오히려 창의력을 방해한다는 다이슨의 말이 틀리지 않다.

예술가나 운동선수 중에도 교과서적 틀을 벗어난 사람이 많다. 미국 메이저리그를 보면 온갖 종류의 타격 자세나 투구 자세의 전시장이라고 해도 무방하다. 분명히 야구 교과서에 나오는 정석은 아니지만, 그들은 나름대로 자신의 체격과 성향을 고려해서 최적의 자세를 찾아낸다. 많은 아마추어 골퍼가 좌절하는 이유 중 하나는 개인 지도 프로가 수강자의 체격과 나이, 성별을 고려하지 않고 교과서적 자세를 가르치기 때문이다. 코흘리개 때부터 골프만을 해온 선수들이 하는 스윙을 그대로 가르치니 수강자들은 따라가기가 어렵다. 운동이나 예술을 학습할 때 기본기를 무시할 수는 없지만, 그에 못지않게 각자의 성향과 특성도 중요하다. 자신만의 방식대로 바순을 연주하고 그림을 그림으로써 다이슨은 독창적이고 실용적인 디자인을 시장에 내놓을 수 있었다. 예술은 그 자체로 즐겨야지 시험이나 규칙으로 얽어매서는 안 된다는 것이 다이슨의 지론이다.

다이슨은 고전이 자신이 성공하는 데 도움이 되지 않았다고 용감하게 주장한 유명 인사인데 단 한 번도 고전이 뇌세포를 자극한 적이 없었다고 토로했다. 고전의 위대함을 부정하는 것은 아니지만 고전을 해석하고 시험 출제자의 의도에 맞는 해답을 공부하는 순간 고전은 즐거움이 아닌 과제가 되어버린다는 것이다. 따지고 보면 우리나라 사정도 다르지 않다. 중·고등학생이 어른이 되어서 고전을 읽지 않는 이유 중의 하나는 고전으로 시험을 보고 모범 답안을 강요당한 경험 때문이다.

학교에서는 고전의 중요성을 강조하고 시험에 출제되는 사항을 암기하도록 강요하기보다는 고전을 읽는 즐거움을 깨우쳐 주어야 한다고 생각한다. 같은 독자라고 할지라도 나이, 상황에 따라 고전이 다르게 읽히는데 학교에서는 수많은 학생이 같은 생각을 하도록 강요한다. 100명의 학생이 있다면 고전은 100가지 다른 공감과 감동을 줄 터이며 그렇게 되어야만 고전을 통해서 학생들이 각자의 창의력을 신장시킨다.

빚을 줄여야 한다

빚내서 주식을 하면 망한다는 진리를 모르는 사람은 드물다. 그 이유를 모르는 사람도 거의 없다. 빚을 내서 주식 투자를 하면 마음이 조급해지고 판단력이 흐려지기 때문이다. 반면 여유 자금으로 투자하는 사람은 인내심을 가지고 주식 시장을 바라보기 때문에 수익을 잘 낸다. 다이슨이 사업을 할 때 중요하게 생각한 점이 빚을 줄여야 한다는 것이다. 다이슨의 빚에 관한 조언은 내가 살아오면서 읽었던 '돈'에 관한 가장 공감을 주는 성찰이다.

다이슨에 따르면 빚은 사람의 마음속에 있는 가장 어두운 곳에 자리한 가장 이상한 심리 상태를 작동시킨다. 그 이상한 심리는 빚이 많을수록 '돈이 많으면 할 수 있는 것들'을 하려는 상태를 가리킨다. 그 심리의 바탕에는 '이번 일만 잘되면'이라는 생각이 따른다. 결국 빚을 줄여야 하는 기업이 오히려 더 공격적으로 사업을 확장하거나 신규 프로젝트를 시도하게 된다.

반면 빚이 없고 자금이 풍부한 기업은 더 신중하다. 보유한 자금으로 더 큰 돈을 벌려고 계획하고 노력한다. 자금이 안정되어 있으니 무리수도 두지 않는다. 대출 때문에 부담해야 할 이자가 없으니 '자유로운 영혼'이 되어서 생각은 유연해지고 판단력은 견고하게 유지된다. 급할 게 없으므로 협상에서도 늘 승자가 되기 마련이다.

돈을 벌겠다는 욕심만 강해서 빚으로 신규 사업을 벌이는 사람이 결국 실패하는 이유를 다이슨의 통찰을 통해서 알게 된다. 부자들은 돈을 쓰지 않는 것이 아니라 신중하게 계획적으로 쓰는 경향이 있다. 기업이 아닌 개인으로서도 빚이 많은 사람과 적은 사람의 행태는 구별된다. 내가 아는 한 부자는 컴퓨터한 대를 사더라도 '시장 조사'를 거친다. 부자들은 쓸 때는 쓰더라도 효율적으로 지출하지만 빚이 많은 사람은 자신이 부자였다면 하고 싶은 일을 벌이는 경향이 있다. 처해 있는 현실보다는 가능성이 희박한 미래의 큰 성공만을 생각한다.

현지인과 다르게 행동하라

태어나서 군 복무 기간을 제외하면 경상도에서만 살아온 나는 '서울'에 대한 로망이 있다. 거칠고 투박한 경상도 말씨보다는 사근사근한 서울 말씨가 듣기 좋다. 야구 중계를 볼 때도 전형적인 경상도 출신의 해설자가 중계하는 경기보다는 적당한 높낮이에 부드러운 말투를 사용하는 해설자의 경기를 더 자주 본다. 우연히 라디오 방송에 출연했다가 나중에 방송국에서 보내준 파일로 내 목소리를 들었는데 놀랍게도 그동안 듣기 불편

했던 경상도 출신 야구 해설자의 억양과 똑같았다. 1분 정도 듣다가 꺼버렸고 방송국과 청취자에게 미안한 마음이 가득해졌다. 그렇다고 방송이라고 해서 서울 말씨를 흉내 낸다면 전하고자 하는 내용과 상관없이 우스꽝스러워지지 않을까. 청취자는 내용에 더 집중하지 못하게 되고 말이다. 사투리를 부끄러워하지 않고 오히려 장점으로 승화한 방송인도 많다. 일본에서 사업을 하면서 '되도록 일본인과 다르게 처신하라'는 다이슨의 황당한(?) 주장을 들어보면 사투리 부담감이 있는 나 같은 사람에게는 도움이 되기도 한다.

만약 한국인이 일본에서 사업을 한다면 될 수 있는 한 일본인처럼 행동해야 한다는 것이 내가 아는 상식이다. 다이슨은 오히려 가능하면 일본인과 다르게 행동해야 한다고 주장하는데 이유는 이렇다. 기본적으로 일본인은 일본인과 사업을 하려 하지 굳이 외국인과 하려 하지 않는다. 일본인이 내키지 않는 외국인과 사업을 함께하는 경우는 '꼭 그렇게 해야 할 이유'가 있을 때다. 외모는 서양인인데 행동은 일본 사람과 같다면 그 나라 사람으로서는 굳이 사업을 함께해야 할 동기 부여가 생기지 않는다는 것이 다이슨의 생각이다. 다이슨에 따르면 일본인은 자신들과 행동이 다르고 이국적으로 느껴질 때만 외국인에게 다가간다.

그렇다면, 한국말을 유창하게 구사하는 외국인 방송인이 국내에서 인기가 높은 이유는 무엇일까? 다이슨의 주장에 따르면 달리 행동해야 하는데, 그들은 언어와 문화 면에서 한국에 매우 적응한 듯 보인다. 하지만 가만 생각해보면 그렇지 않다. 한국 시청자가 그들에게 열광하는 이유는 우리와 다른 자신들의 문화를 들려주기 때문이 큰 요인으로 작용하는 듯하다. 그들의 말을 통역 없이 알아들을 수 있으니 좋을 뿐이다. 다시 말하면, 우리와 달라서 그들의 말에 귀를 기울이고 즐거워한다. 이국적인 분위기와 문화는 모든 사람에게 매력적으로 다가간다.

메모 금지

다이슨의 독특한 경영 철학 중의 하나가 '메모 금지'다. 다이슨은 메모야말로 문제 해결 책임에서 벗어나려는 도피 수단이며 시간을 낭비하는 방법으로 규정한다. 글을 쓸 때 키워드를 메모하는 방식으로 전체 얼개를 구상하는 나로서는 동의하기 어려운 면이 있지만, 메모보다는 대화하는 것이 낫다는 의견에는 공감한다. 직접 얼굴을 맞대고 대화하지 못하는 상황이더라도 확실히 이메일이나 문자로 의견을 교환하는 것보다는 전화로 대화하는 편이 훨씬 더 효율적이라는 생각을 자주 하게 된다. 어떤 사안에 대해 생각을 정리해서 이메일을 작성하고, 상대방이 메일 내용을 파악한 뒤 업무를 진행하기보다는 말로 대화한다면 훨씬 빨리 진행되곤 한다. 메모는 쓴 사람의 복잡한 생각이 몇 줄의 문장이나 한두 개의 단어로 요약된 결과물이기 때문에 읽는 사람이 의도를 정확하게 이해하기는 어려운 면이 많다. 메모에는 말하는 사람의 표정, 몸짓, 억양이 배제되어 있어서 읽는 이의 상황과 성향 그리고 기분에 따라 의도하지 않았던 방향으로 읽히는 경우도 많다. 말로 하는 대화가 더 효율적이라는 것을 알면서도 문자 메시지나 메모를 더 편하게 생각하는 사람도 적지 않다. 또 대화하자면 함께 문제를 풀어가야 하지만 메모를 남기면 일단 그 일을 자신의 손에서 떠나보낸다는 홀가분한 기분이 드는 것도 사실이다. 디자인의 최첨단을 걷는 다이슨이지만 의사소통에서는 전통적이고 직관적인 방식을 선호하는 것이다.

　물론 이 생각에 100퍼센트 동의하기는 어렵다. 17세기의 가장 중요한 철학자인 파스칼의 명저 『팡세』는 완성된 글이 아니라 그가 휘갈긴 메모를 모아서 출간한 결과물이다. 메모는 순간적으로 떠오르는 생각과 아이디어를 가장 빨리 기록할 수 있는 수단 중 하나다. 파스칼이 책상에 앉아 머리를 쥐어짜며 완성한 글을 책으로 만들었다고 해서 지금의 『팡세』보다 더 울림과 공감을 준다는 보장이 있을까. 또 말이란 문자와 마찬가지로 불완전한 전달 수단이기도 해서 자칫 자신의 의도와는 다르게 가닿을 수도 있다. 따라서 메모와 구두 대화는 적절히 섞는 편이 가장 효율적이지 않을까. 일단 아이디어를 메모로 남긴 다음 자기 생각을 정리해 구두 대화로 간다면 두 가지 전달 수단의 장점을 모두 얻을 수 있을 것이다.

도처에 널린
'꿀정보'를 찾아라

재포스닷컴

제화에서 시작해 의류, 가방, 액세서리 등으로 품목을 넓혀가고 있는 미국의 온라인 쇼핑몰이다. 인터넷으로 신발을 판다는 것이 거의 불가능하다고 여겨졌던 1999년, 창업 자금 15만 달러로 시작해 2008년 미국 금융위기 이후에도 1,300퍼센트라는 놀라운 성장률을 기록했으며, 2009년 매출 12억 달러를 돌파, 재구매 고객률 75퍼센트 이상을 기록해 순수 추천고객 지수 NPS 90점대를 달성했다. 이는 미국 기업 가운데 최고 기록이다. 세계적인 경제전문지 〈포춘〉은 '일하기 좋은 100대 기업'으로 재포스를 2009년 23위, 2010에 15위로 선정해 직원들이 느끼는 행복과 성공도 면에서도 인정을 받았다.

Z A P P O S

『딜리버링 해피니스』, 토니 셰이, 송연수 옮김, 북하우스, 2010

긍정! 긍정! 긍정!

『딜리버링 해피니스』라니, 책 제목만 보았을 땐 무슨 택배 회사 성공 신화가 담긴 책인 줄 알았다. 카피를 본 뒤에야 정체를 알았다. 카피는 이렇다. "미국 온라인 쇼핑몰 재포스닷컴Zappos. com을 10년 만에 무일푼에서 1조 2천억 원 매출, '일하기 가장 좋은 기업'으로 일으켜세운 35세 CEO." 한 남성이 택배 상자를 들고 있는 표지 디자인도 그렇고 행복을 배달한다는 제목 '딜리버링 해피니스'도 처음엔 오해를 살 만했다. 솔직히 제목과 표지 모두 그다지 독서 욕구를 불러일으키는 책은 아니었다. 만약 마침 읽을 책이 없는 상황이 아니었다면, 『딜리버링 해피니스』를 집어 들지 않았을 것이다. 예상 외로 뭐 이렇게 재미난 책이 다

있나 싶을 만큼 연신 피식피식 웃었다. 웃기는 상황을 쓰지도 않았건만 단어 선택이 모두 재미나고 유머가 넘친다. 표지에 붙어 있는 "2010 뉴욕타임스 월스트리트저널 아마존닷컴 1위!"라는 홍보 문구를 "2010 웃기는 책 1위"라고 해도 무방할 정도로 유머로 점철된 책이었다. 이 책의 저자 토니 셰이의 성품을 알 수 있었다.

그는 낙제하고 사업체가 망할 위기에 처했을 때조차 낙담하거나 포기하지 않았다. 적어도 이 책에서는 그랬다. 토니 셰이는 마치 유머와 긍정의 화신 같았다. 하버드, 예일, 프린스턴, 브라운 등 내로라하는 미국 명문대에 모두 입학 허가서를 받은 천재라는 점은 분명 그가 창업해서 성공하는 데 큰 도움이 되었겠지만, 시련에 굴복하지 않고 긍정적인 태도로 돌파구를 마련하는 그의 태도 또한 성공의 일등 공신이라고 생각한다.

회사의 핵심 기능을 절대 남에게 맡기지 마라

재포스 같은 전자상거래 회사의 생명은 신속과 편리성이다. 오프라인 가게는 배송 자체가 필요 없지만, 인터넷 업체는 신속한 배송이야말로 경영의 알파요 오메가다. 재포스는 좀 더 저렴한 비용으로 좀 더 빠른 배송을 해주겠다고 약속한 이로지스틱스에 배송을 맡겼다. 금방 문제가 생겼다. 50만 달러어치의 신발을 실은 이로지스틱스 트럭 한 대가 도로 밖으로 전복했다. 외주 업체인 이로지스틱스는 약속한 것과는 달리 제때 신발을 배송하지 못하는 경우가 허다했고 신발 전문가가 아닌 이로지스틱스 창고 관리자는 다양한 신발을 체계적으로 정리하지 못했다. 이로 인해 재고 관리 시스템에 등록되지 못하고 팔지 못하는 상품이 산더미처럼 쌓여갔다. 결국 토니 셰이는 목숨과도 같은 창고 운영 관리를 제삼자에게 맡기는 것은 바보 같은 짓이라고 결론 내렸다. 재포스는 직영 창고를 마련하고 재고를 신속하게 DB에 입력하여 판매할 수 있는 시스템을 마련했다. 창고 관리가 원활하게 돌아가자 판매는 급증했고 재포스는 성장을 거듭했다.

전자상거래 업체의 또 다른 핵심 업무는 전화 상담이다. 물건을 인터넷으로 주문하고 받는 고객은 문의 사항이 있으면 주로 전화로 상담한다. 한국에 사는 고객이 제품에 사소한 문제가 있어서 고객 센터에 전화를 걸었는데 저 멀리 필리핀에 있는 센터에서 어눌한 한국어를 사용하는 상담원이 전화를 받고 이메일로 조치 사항을 보내주겠다고 하면 그 회사 자체에 대한 호감도가 떨어진다. 재포스는 창고 운영 관리와 함께 콜센터를 절대로 아웃소싱하지 않는다. 매우 중요한 일이니 직접 챙기겠다는 것이다.

재포스가 운영하는 콜센터는 비용보다는 고객 만족이 우선이다. 다른 회사는 콜센터 직원들의 통화가 길어지면 걱정을 하게 된다. 한 고객과 통화가 길어질수록 효율성이 떨어지는 것은 당연하다. 직원당 가능한 많은 고객을 응대해야 비용 차원에서는 이상적이다. 그러나 재포스는 상담 직원이 한 고객과 얼마나 오래 통화하는지 선혀 체크하지 않는다. 이 회사의 상담 직원이 한 고객과 가장 오래 통화한 기록은 무려 여섯 시간이다. 그야말로 고객이 만족할 때까지 재포스는 서비스를 멈추지 않는다.

고객 응대 방식 매뉴얼도 따로 없다. 각 상담원 개인의 개성을 발휘하도록 내버려둔다. 그렇게 하는 것이 고객과 상담원과의 유대감이 형성되는 데 유리하다고 믿는다. 재포스 고객 입장에서 가장 큰 감동을 받는 순간은 아마도 상담 직원이 자사가 아닌 경쟁사의 상품을 권할 때가 아닐까. 한 번의 매출은 실패하겠지만 돈으로 얻을 수 없는 고객의 믿음이라는 큰 소득이 생긴다. 일반 회사의 상담 직원에게는 고객의 문의에 자사의 다른 제품을 권하는 임무가 주어지지만 재포스는 이렇게 다르다. 심지어 재포스 상담원은 주말에 있을 결혼식에 입고 갈 패션에 대한 상담 의뢰도, 그저 외롭고 심심해서 누군가와 대화를 하고 싶어 전화하는 고객도 정성껏 대한다.

배려심이 하해와 같은 재포스 콜센터 직원은 가령 이런 전화도 무시하지 않는다. "지금 샌타모니카에 있는 한 호텔에 묵고 있고 페퍼로니 피자를 간절히 먹고 싶은데 여긴 지금 뜨거운 음식을 룸서비스로 시킬 수 없어요. 혹시 도와주실 수 있나요?" 이 황당한 전화를 한 고객은 2분 뒤에 호텔 주변에서 장사하면서 피자를 배달해주는 가게 전화번호 다섯 개를 받았다. 이쯤되면 재포스 콜센터 직원들이 모두 보살이 되어야 하고 극한 직업에 종사하고 있다는 우려를 하게 된다. 너무 걱정하지 마시라. 재포스 콜센터 직원은 무례하고 도저히 만족시킬 수 없는 고객은 무시해도 된다는 재량권이 있다. 지옥에 가서도 진상을 부리며 천국으로 보내달라고 떼를 쓰는 고객이 있기 마련 아닌가.

돈도 좋지만 지루한 것은 정말 싫다!

내 딸이 혹시 토니 셰이와 같은 영혼을 지녔나 싶었던 일이 있다. 대학생인 딸아이가 휴학하고 일을 하겠다고 나섰다. 요즘은 휴학하고 인턴 활동을 하는 것도 중요한 이력이라고 한다. 누구나 탐낼 만한 좋은 일자리를 구한 딸아이는 야심차게 근무를 시작했다. 대기업의 비정규직이지만 복리후생과 대우가 좋아서 여러모로 만족스러웠던 모양이다. 대기업 방송 계열사에서 제작한 드라마의 짧은 영상을 유튜브에 적당한 문구를 붙여서 게시하는 것이 딸아이가 맡은 업무였다. 모든 면이 만족스러운 직장이었는데 문제는 일이 너무 단순하고 쉬워서 보람을 느낄 수가 없고 발전한다는 생각이 들지 않는다고 투덜거렸다. 우리 부부는 그래도 보수가 괜찮고 딸아이 전공과 관련이 있는 직장이니 좀 더 오래 다녀보라고 조언했지만, 아이는 결국 최초 계약 기간만 채우더니 미련 없이 그만두었다.

하버드 대학교를 졸업하고 오라클에 취업한 토니 셰이도 같은 생각이었던 모양이다. 오라클은 그에게는 식은 죽 먹기처럼 쉬운 일을 시키면서 고액 연봉을 주는 회사였다. 심지어 아무도 그가 언제 출근하고 퇴근하는지 체크하지 않는다는 것을 알아챈 셰이는 환상적인 일과를 누린다. 아침 10시에 출근해서 10분 정도 일하다가 집에 가서 낮잠을 자고 오후에 또 10분 정도 일한 다음 오후 4시에 퇴근하는 일정이었다. 많은 사람이 평생 뼈를 묻고 싶은 신의 직장이 그에겐 지루한 곳에 지나지 않았다. 오라클이 어떤 회사인지 모르고 오직 돈을 많이 준다는 이유로 선택했지만, 재미도 없고 열정도 느낄 수 없는 지루한 곳으로 결론을 내렸다. 결국 웹 디자인 회사를 창업하기로 하고 미련 없이 사표를 던졌다. 고객을 유치해서 웹 디자인을 해주고 보수를 받는 자기 사업을 하는 것이 하루에 20분 일하고 고액 연봉을 받는 것보다 재미날 것 같았다.

쉽게 돈을 벌 수 있는 편안한 직장 대신 재미와 열정을 선택한 그가 옳았다. 전망은 불투명했지만 단지 재미있는 일이어서 시작한 링크익스체인지를 2억 6,500만 달러를 받고 마이크로소프트에 매각하는 데 성공했다. 토니 셰이는 또 다른 재미있고 즐거운 일을 찾아 나서기로 했다. 그런데 링크익스체인지를 인수한 마이크로소프트는 그에게 1년 동안만 더 회사에 남아달라는 조건으로 800만 달러를 제시했다. 지루한 직장 오라클을 그만두고 재미있어서 시작한 링크익스체인지조차 지겹지만 돈을 많이 주는 신의 직장이 되었다. 회사에 이름만 올려두고 실제로는 아무것도 하지 않아도 되는 상황에서도 마이크로소프트가 제시한 1년을 채우지 않고 떠나버렸다.

인터넷이 세상을 빠르게 변화시키고 있었고 창조와 구축의 기회가 널려 있었다. 토니 셰이는 800만 달러를 벌기 위해서 1년을 허송세월하기보다 다른 세상에서 새로운 모험을 하기로 했다. 결과는? 우여곡절을 겪긴 했지만 800만 달러를 포기하고 창업한 재포스닷컴은 10년 뒤 1조 2,000억 달러의 매출을 올리는 기업으로 성장했다.

믿음직한 거래처를 최우선으로

링크익스체인지의 첫 계약은 공짜 고객이었다. 첫 단추가 잘 못되었을까? 그렇지 않다. 그 고객이 상공회의소였기 때문이다. 공짜라는 비장의 무기로 상공회의소를 설득해야 했다. 일단 상공회의소라는 첫 고객을 확보한 링크익스체인지는 신생 기업이 아닌 '상공회의소를 거래처로 둔 회사'로 업그레이드되었다. 친구를 보면 한 사람을 알 수 있다는 말이 있듯이 고객들은 잠재적인 거래처에 대한 신뢰 여부를 그 회사의 고객을 보고 판단하는 경향이 있다. 회사의 브로슈어나 홈페이지에 누가 봐도 알만한 유명 회사나 유명인 고객 리스트가 좋은 자리를 차지하고 있는 이유가 이 때문이다. 유명하고 신뢰가 높은 거래처를 확보하면 그 거래처가 가지고 있는 유명세와 신뢰를 그대로 가져오는 것과 같다. 거래처 명단에 올릴 수만 있다면, 회사 브랜드 가치에 도움을 주는 회사라면 과감하게 공짜라는 비장의 무기로 설득에 나서야 한다.

통계가 금이다

아마존 창업주 제프 베이조스도 자신이 만든 기업이 이토록 큰 회사가 될 줄은 상상조차 못 했다. 그는 인터넷 사용자가 매년 2,400퍼센트씩 성장한다는 통계 자료에 주목하고 온라인으로 물건을 파는 회사를 만들었을 뿐이다. 토니 셰이는 미국의 신발 산업이 400억 달러 규모인데 그중 5퍼센트를 통신 판매가 차지한다는 통계에 눈을 번쩍 떴다. 20억 달러어치 신발을 미국 사람들은 신어보지도 않고 구매한다는 사실에 주목한 것이다. 인터넷으로 신발을 파는 회사로 출발한 재포스는 이 통계 자료 하나로 탄생할 수 있었다. 미디어에 노출된 현대인은 누구나 쉽게 대량으로 통계 자료를 접한다. 제프 베이조스와 토니 셰이를 거부로 만든 통계 결과는 큰돈을 치러야 하는 비밀 자료가 아니었다. 평범한 잡지나 신문 기사에 정리된 한 줄 통계가 안목을 가진 사람에게는 거대 기업을 일으키는 신의 계시가 될 수 있다. 세상에서 가장 가치 있는 정보는 세상 사람들이 모두 접근할 수 있는 곳에 있지, 염라대왕의 금고 속에 있지 않다.

포커 판에서 배우는 사업 비결

포커 판에서 중요한 것은 '옳은 결정'과 '한 판의 결과'를 구별할 수 있는 절제력이다. 한 번 이기면 자신이 배팅을 잘하는 유능한 도박사라고 자만하기 쉽고 지면 배팅을 잘 못했다고 생각한다. 상기하자. 도박 때문에 패가망신할 뻔한 러시아의 대문호 도스토옙스키조차 드디어 돈을 딸 수 있는 원리를 깨우쳤다고 감격한 적이 있었다. 물론 그다음 날 전날 딴 돈을 모두 털렸지만. 주식 투자도 마찬가지다. 주식을 이제 막 시작한 사람이 한 번 수익을 내면 자신이 주식의 대가인 것처럼 생각하고 그날 손해를 본 고수 투자가를 비웃는다. 그렇지만 그것은 '초심자의 행운'일 뿐 실력은 아니다. 이번 판에서 이겼느냐 졌느냐를 따지는 단기적 사고보다는 확실한 전략을 기반에 둔 장기적 사고가 도박판이나 비즈니스 세계에서나 모두 중요하다.

토니 셰이에 따르면 포커 판과 비즈니스 세계는 서로 닮은 점이 많으며 포커 판에서 배운 교훈 중에는 사업에도 적용될 수 있는 것이 많다. 포커 판에서는 최대 열 명까지 앉을 수 있는 테이블을 선택하는 것이 중요한데 사업에서도 어떤 시장을 선택할지가 중요하다. 너무 이기기 힘든 포커 테이블이라면 다른 테이블로 옮겨야 좋듯이 수익을 내기 어려운 시장에 몸담고 있다면 다른 시장으로 옮겨야 한다. 지나치게 강력한 경쟁자가 있어도 다른 테이블(시장)로 바꿔야 한다.

이론은 직접적인 실천과 검증이 중요하다. 토니 셰이는 인터넷 신발 가게를 창업한 후에 주문을 받으면 오프라인 가게에 가서 그 신발을 제값에 사서 우편으로 고객에게 보냈다. 아무리 많이 팔아도 한 푼도 벌 수 없는 바보 같은 유형의 사업이었다.

왜 그랬을까? 그는 이 바보 같은 짓으로 직접 신어보지 않고 신발을 사는 소비자가 존재한다는 사실을 확인했다. 그다음 그는 확신을 두고 재포스닷컴에 올인했다.

직원이 줄어도 생산성이 줄어들지 않는다?

재포스가 수익을 내지 못하고 운영 자금마저 바닥을 보이자 많은 직원이 회사를 떠났다. 원래 태풍이 올지 여부는 배에 서식하는 쥐들이 가장 먼저 알지 선원들이 아니다. 회사에 남으려면 큰 폭의 임금 삭감을 감수해야 하고 급기야 무보수로 일하기도 해야 했다. 경비 절감을 위해서 많은 직원을 해고했다. 남은 직원은 월세 낼 돈이 없어서 토니 셰이 개인 소유 아파트에서 단체로 살았다. 물론 임대료는 내지 않아도 되었다. 이상한 일이 벌어졌다. 직원이 대폭 감소했음에도 불구하고 생산성에는 아무 타격이 없었다. 어찌된 일일까? 이미 정리한 직원은 실적이 미비했으며 자기 발로 떠난 직원들도 회사에 애착이 없었던 사람이 대부분이라 그들의 자리는 원래 비어 있는 것과 같았기 때문이다. 줄어든 월급을 감수하면서도 회사에 남은 사람은 회사에 대한 열정이 강했고 재포스가 추구하는 가치를 믿는 이들이었다. 그랬기에 전과 다름없는 생산성을 유지했다. 물론 일시적 손해를 감수하며 회사를 살리기 위해서 노력한 이 직원들은 자신들의 선택이 틀리지 않았다는 사실을 실감할 만한 보상을 받게 된다.

고객에게 'WOW'를 외치게 하는 서비스

얼마 전 인터넷에서 연필 몇 자루를 주문했다. 가격이 1만 3,000원이었다. 배송 상자를 열어보고 소소한 감동을 느꼈다. 연필 구매에 대한 감사의 손 편지와 함께 사탕 한 봉지가 들어 있었다. 그 가게는 매번 주문할 때마다 내용이 약간 다른 손 편지와 간식을 챙겨준다. 재포스는 고객이 'WOW'를 외치는 서비스를 제공하려고 애쓴다. 가령 재포스를 정말 사랑하는 고객에게 예고도 없이 '무료 배송'이라는 깜짝 선물을 한다. 거의 모든 인터넷 쇼핑몰은 단골손님에게만 혜택을 부여한다. 이런 혜택은 회원 가입 시 공지하기 때문에 단골이 된 뒤 받아도 감동할 이유는 없다. 그 혜택은 어디까지나 정당한 대가다. 재포스의 'WOW 서비스'는 어떤 장점을 발휘할까? 회사로부터 깜짝 이벤트를 선물받은 고객은 친구나 가족에게 감동받은 점을 이야기하고 싶어서 안절부절못한다. 그리고 오래 기억한다. 고객이 전파하는 훈훈한 미담만큼 기업에 도움이 되는 홍보 전략은 찾기 힘들다. 콜센터 업무도 같은 맥락이다. 재포스는 고객과 전화로 만나는 기회를 단순 업무라고 생각하지 않는다. 재포스만의 고객 서비스를 전달하는 기회라고 본다. 재포스에서 콜센터는 절감해야 하는 비용이 아니고 꼭 필요한 투자다.

재포스는 어떻게 가족 같은 회사를 만드는가?

모든 회사는 가족 같은 분위기를 표방한다. 원래 가족 같은 분위기를 말하는 회사는 '일을 할 때만 가족'이라는 전제를 감춘다. 그러나 실질적으로 직원 간의 유대 강화를 위해서 노력하는 회사는 많지 않다. 내가 재포스의 문화 중에서 천재적인 정책이라고 감탄한 부분이 있다. 재포스 직원들은 건물을 드나들 때 항상 중앙 문을 이용해야 한다. 주차장과 더 가까운 문이 있지만, 비상시에만 그 문을 이용할 수 있고 평시에는 항상 중앙 문만을 이용해야 한다. 왜 그럴까? 직원들에게 우연히 만날 기회를 늘려서 소속감을 높이기 위해서다. 또 재포스 직원들은 컴퓨터를 켤 때 아이디와 비밀번호 말고도 '얼굴 게임'이라는 단계를 한 번 더 거쳐야 한다. 로그인하자면 무작위로 선택된 동료의 얼굴을 보고 이름이 무엇인지를 묻는 객관식 물음에 답해야 한다. 물론 정답을 맞히지 못한다고 해서 종일 컴퓨터를 켜지 못하는 것은 아니지만 재포스는 그 점수를 다 모아둔다. 아이들이 싸우면 선생님이나 부모는 훈계한 다음 강제로 악수를 시킨다. 그렇다고 그 아이들의 앙금이 사라질까? 재포스처럼 자연스럽게 자주 만나고 서로에게 관심을 기울이도록 유도하는 방법이 낫지 않을까? 그 대상이 아이든 회사 직원이든 말이다.

편리함에
재미를 더하라

라쿠텐

RAKUTEN

1997년 미키타니 히로시 회장이 '주식회사 엠디엠'을 설립한 뒤, 그해 5월 인터넷 쇼핑몰 '라쿠텐 시장'이란 이름으로 본격적인 서비스를 시작했다. 1999년에는 '라쿠텐 주식회사'로 사호명을 바꾸었다. 이 회사는 사람들의 다양한 생활 방식에 걸맞은 각종 인터넷 사업, 즉 신용 카드, 은행, 증권, 핀테크, 여행, 프로 스포츠, 전자 콘텐츠 유통, 이동통신 등 다양한 품목을 취급하는 일본의 IT 대기업이다. FC바르셀로나의 스폰서이기도 하고, 일본의 제4이동통신 사업자 라쿠텐 모바일의 모기업이다. 30개국에 70개가 넘는 사업에 진출해 있으며, 사내 공용어는 영어라는 특이점이 있다.

『라쿠텐 스타일』, 미키타니 히로시, 이수형 옮김, 미래의창, 2016

한 번뿐인 인생 어떻게 살 것인가?

내 어머니가 돌아가셨을 때만큼 인생이 덧없다고 생각할 때가 있었나 싶다. 1930년대생인 어머니는 그 세대 여성이 거쳐야 할 고초는 거의 다 겪었고 평생 자식과 집안을 위해서 희생만 하셨다. 사는 내내 다른 사람에게 폐를 끼치지 않으려고 필사적으로 노력했고 자신의 욕구나 욕망은 거의 채우지 않으셨다. 그런 어머니가 갑자기 돌아가시고 마지막 모습을 보았을 때 이렇게 돌아가실 거면 뭐 하러 그토록 열심히 일하시고 희생만 하는 삶을 고수하셨나 하는 안타까움이 가득했다. 내가 감히 흉내도 낼 수 없을 정도로 철저히 타인을 위한 삶을 고집했는데 하나밖에 없는 손녀가 대학에 입학하는 것도 보지 못하고 떠난 것이 허망하고 또 허망했다. 어머니의 인생을 보고 허무 그 자체만을 생각했다.

일본을 대표하는 쇼핑몰 라쿠텐을 창업한 미키타니 히로시 또한 사고로 허무하게 세상을 떠난 친척이 있었다. 1995년 고베 대지진 때 행방불명된 작은아버지를 필사적으로 찾았지만 결국 임시 시신 안치소에서 처참히 훼손된 모습으로 만났다. 미키타니 히로시 역시 나처럼 사람의 목숨과 인생이 덧없다고 절감한 모양이다. 다만 그는 나와 달랐다. 어떻게 다른가? 나는 허무하고 안타까움만 통감했을 뿐 다른 생각을 하지 않았는데 미키타니 히로시는 한 번뿐인 인생을 최선을 다하고 자신이 좋아하는 일을 찾아서 해야겠다고 결심했다. 남들이 정해놓은 규칙을 따라서 수동적으로 살지 않고 자신만의 방식대로 살아가겠다고 생각했다. 그 생각과 결심이 오늘날의 라쿠텐 시장을 만들었다.

영어를 공용어로 사용하는 회사

2010년 7,000명의 라쿠텐 직원은 청천벽력과도 같은 발표를 듣는다. CEO인 미키타니 히로시가 모국어인 일본어 대신 영어를 회사 공용어로 쓰라고 지시했다. 일본인의 영어 울렁증은 우리나라 사람 못지않은 모양이다. 많은 사람이 이 조치가 과격하다는 부정적 의견을 냈다. 그러나 미키타니 히로시는 라쿠텐이 발전하기 위해서는 이 조치가 꼭 필요하다고 확신했다. 일본의 영어 교육 실태는 우리와 크게 다르지 않다. 문법과 독해 위주의 학교 영어 교육을 받다가 사회인이 되어서 실제 영어 사용자를 만나거나 업무상 영어 구사가 필요하지 않으면 자연스럽게 영어와 멀어진다. 공교롭게도 미키타니 히로시가 회사 내 영어 공용화 지침을 발표한 2010년 나도 일본을 여행한 적이 있다. 당시 가족과 함께 머무는 호텔 방에 문제가 생겨서 프론트에 연락을 했는데 가족 중 누구도 일본어를 못 하니 내가 영어로 몇 마디 했다. 전화를 받은 일본인 직원은 가타부타 대답이 없었고 한참 침묵이 흘렀다. 이윽고 수화기 너머로 이런 소리가 들려왔다. "여보세요?" 영어를 하는 한국인 관광객의 전화에 당황한 호텔 직원이 그사이 한국인 직원을 수배(?)해서 응대시킨 것이다. 외국인 관광객을 많이 접하는 호텔의 사정이 그러했으니 라쿠텐 직원이 영어 공용화 시책을 접하고 느꼈을 절망감이 어떠했을지 짐작이 된다.

왜 영어 공용어인가? 미키타니 히로시는 영어 공용화를 통해서 일 처리 속도를 높이고 국제화 시대에 어울리는 사업 모델을 구축하고자 했다. 영어를 사용해서 빠른 일 처리를 도모한다는 발상은 내가 보기에도 혁신적이었다. 일본어도 한국어와 마찬가지로 사람 사이의 상하 관계를 명확하게 규정한다. 따라서 직위의 높낮음과 사회적 위치에 걸맞은 표현을 절묘하게 선택해야 한다는 불편함이 있다. 이런 질서에 부합하지 않는 표현을 한다면 일 처리에 곤란을 겪게 될 수밖에 없다. 결국 어휘 선택과 표현에 신중해야 한다는 부담감이 의사소통을 지연시킨다는 게 그의 분석이다. 한국어에 능통한 외국인을 보면 존경심이 절로 드는 까닭은 한국어의 존칭이 대단히 복잡하고 어렵기 때문 아닌가. 심지어는 "커피 나오셨습니다"처럼, 사물에도 존칭을 하는 경우가 허다하지 않은가. 그만큼 우리나라 사람이 상하 관계에 의한 언어 표현에 스트레스를 받는다는 증거다. 높이고 낮추는 등 적절한 표현을 찾다 보면 정작 자신이 말하고 싶은 핵심을 빠뜨리는 일도 있다. 물론 영어에도 조심스럽고 존칭하는 표현이나 어휘가 있다. 미국 사람도 친구와 대학 총장을 대할 때 같은 톤의 영어를 사용하지는 않는다. 그렇지만 일본어나 한국어처럼 존칭이나 존대가 심하고 복잡하지 않다. 영어를 사용하다 보면 존댓말에 대한 염려와 예의 바른 어휘 선택에 따른 고민이 없으므로 주저함이 없어지며 자기 생각을 솔직하고 자신 있게 말하게 된다. 영어가 더 솔직하고 빠른 의사소통을 가능하게 하는 게 사실이며, 빠른 의사소통은 신속한 일 처리를 유도한다.

영어를 공용어로 사용하는 회사는 글로벌 인재 채용도 수월하다. 라쿠텐은 2020년 6월 기준으로 시가 총액이 15조 원에 달하는 초거대 기업이다. 당연히 해외에서 인재를 채용하기 위해서 애쓰는데 현재 무려 직원의 30퍼센트가 외국인이다. 영어가 모국어인 인도계가 많다고 한다. 흥미로운 점은 일본어를 구사하는 외국인 직원도 많다는 사실이다. 라쿠텐에 입사하고 싶은데 언어 장벽 때문에 망설였던 글로벌 인재에게 영어 공용보다 더 매력적인 요소가 있을까. 라쿠텐의 영어 공용화 정책은 생각지 않았던 홍보 효과를 톡톡히 누렸다. 영어 공용화 정책을 발표한 지 불과 몇 시간 뒤에 일본에 있는 한 인터넷 회사가 사내 영어 공용화를 실시한다는 뉴스가 전 세계로 퍼졌다. 일본은 보수적이고 국가주의적이란 인식이 강한데, 그 나라 거대 기업이 영어만을 사용하겠다고 해서 큰 반향이 일지 않았나 짐작된다. 라쿠텐은 영어 공용화 프로젝트를 발표하는 것만으로도 홍보비를 전혀 사용하지 않고 국제적인 브랜드로 알리는 소득을 얻었다.

영어 공용화 프로젝트가 빛만 있는 것은 아니었다. 일반적으로 외국어를 습득하는 데에 어려움을 겪는 40대 이상의 직원보다 이제 갓 대학을 졸업한 신입 사원의 영어 실력이 더 뛰어나기 때문에 문제가 생겼다. 이전까지는 40대 팀장이 아래 세대의 팀원을 통솔했는데 영어 실력이 부족하다는 이유로 그 통솔력을 잃게 되는 경우가 허다해졌다. 또 직원들끼리도 영어 실력에 따라서 서열이 생겨나기도 했다. 이런 문제에 대해 미키타니 히로시는 물러서지 않았다. 그가 제시한 해결책은 "모든 직원이 영어를 더 열심히 공부해서 가능한 빨리 업무에 사용할 수 있게 하는 것"이었다. 영어 공용화 프로젝트야말로 미키타니 히로시 경영의 핵심 가치다.

라쿠텐이 자랑하는 임파워먼트

직장에서 사소한 자유와 권한을 부여한다는 의미로 사용되는 '임파워먼트empowerment'가 라쿠텐에서는 다른 의미로 사용된다. 라쿠텐에서 말하는 임파워먼트는 '직원들에게 최고의 성과를 거둘 기회를 주는 것'이다. 상사의 통제에서 해방해주는 것이야말로 진정한 임파워먼트라고 생각하는 라쿠텐은 우선 이를 실행하기 위해서 어느 정도의 권한과 재량권을 가진 프로젝트 팀을 구성한 다음 직원들끼리의 협업을 촉진한다. 사원 개개인의 역량과 아이디어가 아닌, 재량권이 있는 팀을 만들어 프로젝트를 진행하도록 함으로써 회사 발전을 이끌어낸다. 라쿠텐은 직원을 감시하고 통제하기보다는 자유와 재량권을 부여하는 것이 회사가 발전하는 데에 더 효과적이라고 믿는다. 직장인으로서 가장 맥 빠지는 상황 중 하나가 팀별로 토론과 협업을 통해서 결과물을 도출했는데 상사의 일방적인 지시와 취향에 의해서 무산되는 경우다. 이런 일을 한 번 겪고 나면 직원들은 어차피 윗선에 가면 자신들의 결과물이 취소되거나 수정된다고 생각해서 지나치게 신중하게 고민하거나 열심히 연구하지 않는다. 상사의 얼굴만 쳐다보며 결정을 기다리는 수동적 존재로 전락한다. 대외 업무를 다룰 때도 재량권을 가진 사원과 다시 상사에게 확인을 받아야 하는 사원은 처지가 다르다. 재량권을 가진 사원은 자신 있게 거래처 직원을 대하고 책임감을 느끼고 신중하게 결정한다. 그렇지 않은 직원은 외부의 말을 내부에 전달하는 심부름꾼에 지나지 않는다.

오늘은 어제의 나를 이겨야 한다

『라쿠텐 스타일』을 읽어나가면서 스포츠와 경영은 닮은 점이 많다고 생각했다. 대한민국을 월드컵 4강에 올린 히딩크 감독은 한국 특유의 선후배 관계와 존댓말이 창의적인 축구를 방해한다고 판단했다. 선수끼리 '형'이라고 부르면서 존댓말을 한다면 창의적이고 능동적이며 효과적인 플레이가 불가능하다. 이른바 군대 축구라고 부르는 선배 위주의 축구가 되고 후배가 선배에게 감히 패스를 요구하기가 꺼려질 때도 많다. 그래서 히딩크는 선수끼리 이름을 부르도록 지시했다. 히딩크와 라쿠텐은 존댓말을 사용하지 않게 함으로써 직원들이 좀 더 자유롭게 판단하고 협업할 수 있도록 도왔다. 이 둘 경영의 또 다른 공통점은 큰 도약보다는 매일 개선을 지향했다는 점이다. 히딩크는 월드컵을 앞두고 "현재 가능성은 50퍼센트다. 매일 1퍼센트씩 올려서 100퍼센트를 달성하겠다"고 말했다. 라쿠텐도 천지가 개벽할 만한 변혁을 꿈꾸지 않는다. 혁신은 누구에게나 어려운 일이다. 하룻밤 만에 천재가 될 수 없다. 매일 조금씩 개선하다 보면 얼마 지나지 않아서 혁신이라고 부를 만한 지점에 도달하기 마련이다. 에디슨이 발명한 축음기와 아이팟은 별개 발명품이 아니다. 축음기가 해가 지날수록 1퍼센트씩 개선되어 나온 제품이 아이팟 아니겠는가.

SNS가 인생의 낭비라고?

미키타니 히로시만큼 SNS를 효과적으로 활용하는 기업가도 드물다. SNS 기업들은 대부분 귀엽고 친근한 이름을 가지고 있다. 트위터, 페이스북, 틱톡 등 부르기 쉽고 가깝게 느껴지는 이름들이다. 또 유명인사들이 연일 SNS 때문에 홍역을 치르는 모습을 본다. 친근한 이름과 심심찮은 부작용 때문에 많은 사람이 SNS를 경시하는 경향이 있는데 사업가들은 달리 생각할 필요가 있다. 미키타니 히로시는 고객 만족의 목적으로 SNS를 활용한다. SNS로 국제 경제 상황이나 라쿠텐의 사업을 고객들에게 전한다. 기업 대표가 직접 SNS로 고객들과 소통한다는 사실은 일본 회사가 영어를 공용어로 정한 그것만큼이나 대외적으로 호감과 관심을 끌어낸다. SNS를 젊은이들의 놀이 정도로 인식하고 기껏해야 마케팅 경로로만 여길 뿐 기업 대표의 리더십을 보여주는 수단으로 생각하지 않는 것은 안타까운 편견과 오해가 아닐 수 없다. 미키타니 히로시가 그 사실을 보여준다. 미키타니 히로시는 SNS로 비즈니스뿐만 아니라 시사 문제에 관해서도 고객들과 소통한다. SNS는 인쇄 매체물의 한계인 시차 문제에서도 자유롭다. 언제든 실시간으로 당장의 사회 현안에 대해 고객과 의견을 주고받는다. 2009년부터 트위터로 대중과 소통한 현대두산인프라코어 박용만 회장은 더욱 진화한 모습을 보여준다. 우리나라 '재계 SNS의 선구자'나 'SNS 조상신'이라고 불리는 그는 SNS의 특성을 살려 인스타그램은 사진 위주로 하는 취미 생활을, 페이스북에는 텍스트 위주의 사회 현안에 관한 생각을 게시한다. 거창한 주장이나 대단한 정보를 올리진 않지만 SNS로 대중과 소통하는 CEO라는 사실 하나만으로도 박용만 회장 개인뿐만 아니라 두산이라는 기업이 친근하고 신뢰를 주는 회사라는 이미지를 가지게 되었다. 고객들은 자신이 애용하는 제품을 생산하는 회사의 경영자에 대해서도 호기심을 느낄 수 있다. 경영자 또한 자사의 제품을 애용하는 고객들이 궁금하다. SNS야말로 고객과 경영자를 이어주는 훌륭한 가교다. 20대 청년이 60대 경영자를 '형'으로 부르게 해주는 매력이 있는 SNS라는 공간을 그저 매출 증대 수단으로만 사용한다면 가장 중요한 가치를 놓치는 셈이다.

출간 작가이기도 한 나에게도 SNS는 매우 중요한 파트너이자 도구다. SNS에 글을 올리면 실시간으로 예비 독자의 반응을 살펴볼 수 있다. 독자들이 어떤 글을 좋아하고 호기심을 가지는지도 알게 된다. 많은 작가가 SNS를 원고지로 애용한다. SNS에 올린 글을 모아서 출간하는 것은 기본이고, 표지나 제목을 정할 때도 SNS를 이용해서 예비 독자들의 의견을 구해 결정하는 경우가 많다.

완벽을 추구하지 말고 행동하면서 개선해나간다

업무 속도를 끌어올리고자 할 때 가장 큰 장애는 완벽을 추구하는 태도다. 물론 하자가 없는 완벽한 제품을 시장에 내놓는 것이 가장 좋지만 하늘 아래 완벽한 상품은 존재한 적이 없고 앞으로도 그럴 가능성은 없다. 그런데도 많은 기업이 지나치게 신중하게 결정하느라 좋은 제품을 개발하고서도 출시를 늦춘다. 물론 출시 후 제품에 하자가 있으면 추가 비용이 들고 기업 이미지가 나빠질 수 있으나, 결함 없는 제품 출시에 매몰돼 적기를 놓쳐서도 안 된다. 마이크로소프트는 출시와 개선을 가장 효과적으로 활용하는 기업이다. 컴퓨터 운영체제를 발표할 때마다 7, 8, 10, 11처럼 숫자를 더한다. 소비자들은 숫자가 높아질수록 이 제품의 기능이 조금씩 개선돼간다고 인식한다. 소비자로서 이 정책에 찬성한다. 신제품이 나올 때마다 전혀 다른 이름을 붙이면 뭔가 새롭다는 생각은 들지만, 그 제품이 다른 회사 제품보다 얼마나 진보했는지 잘 모른다. 회사 차원에서도 새로운 상품을 개발할 때마다 근사한 이름을 붙이기 위해서 낭비되는 시간과 비용을 절감할 수 있다. 결국 소비자에게 중요한 것은 상품의 질이지 이름이 아니지 않은가. 제품 이름을 단순히 숫자로 정하는 것은 또 다른 장점도 있다. 예를 들어, 현대자동차의 소나타는 베스트셀러이긴 했지만, 언어 유희에 의해 '소나타는 차'라는 우스개가 유행하기도 했다. 숫자로 붙인 상품 이름은 기업의 빠른 업무 처리에도 도움이 될 테고 도저히 예상치 못한 부작용이 거의 없지 않은가. 좋은 뜻이라고 생각한 상품명이 다른 나라의 문화권에서는 엉뚱하고 좋지 않은 뜻을 가진 단어가 될 수도 있다.

애플의 아이폰을 살펴보자. 신제품이 나올 때마다 상품 이름의 숫자가 높아진다. 물론 일부 소비자들은 전작과 그다지 달라진 것이 없는 제품을 시장에 내놓는다고 비판한다. 그렇지만 아이폰4와 아이폰13을 비교해보면 그동안 얼마나 많은 혁신과 개선이 이루어졌는지 인정할 수밖에 없다. 따라서 경영자는 완벽한 제품을 시장에 내놓겠다는 생각보다는 일단 시장에 내놓고 필요할 때마다 개선해나간다는 태도를 취해야 한다는 미키타니 히로시의 주장은 새겨들을 만하다. 이는 꼭 경영자에게만 국한되지 않는다. 개인의 삶에서도 지나치게 신중한 사람은 결국 아무 일도 못 하는 경우가 많다. 목표한 바가 있다면, 과감하게 결과물을 타인에게 내보이는 것이 성장의 지름길일 때가 많다. 완벽할 필요는 없다. 무언가 시도한다는 게 중요하다.

재미! 재미! 재미!

쇼핑은 기본적으로 필요한 물건을 구매하는 것이지만 재미라는 요소를 빼놓을 수 없다. 책을 좋아하는 사람은 책을 읽어서 즐거움을 얻기도 하지만 책을 사는 재미도 좋아한다. 온라인 가게에서 파는 제품은 거의 오프라인 가게에서도 살 수 있다. 오프라인에서 파는 제품을 온라인에서 많이 팔려면 편리함에 즐거움을 더해주어야 한다고 미키타니 히로시는 강조한다. 그래서 라쿠텐에 입점한 각 가게는 자신들의 가치관과 취향 그리고 상품의 특성을 살려 각자 다양한 방법과 디자인을 선택한다. 제품 생산 과정이나 자신의 일상을 고객늘에게 제공함으로써 고객들이 라쿠텐에서 사는 즐거움을 주려고 노력한다. 덕분에 고객은 라쿠텐을 찾을 때 새로운 즐거움을 발견할 수 있다는 기대감을 품는다.

예를 들어, 온라인 커피 매장이 커피의 역사, 종류, 맛있게 커피 내리는 비결을 알려주고 커피에 대한 다양한 이야기를 들려주고, 커피를 로스팅하는 현장 등을 고객에게 자주 보여준다면 소비자는 단순히 커피만 파는 다른 가게보다 그 가게를 찾게 된다. 가게가 상품만 파는 시대는 지났다. 상품에 그 가게만의 '이야기'가 더해져야 고객이 자주 찾는 매장이 된다. 국내 인터넷 서점 알라딘도 그런 경우다. 알라딘의 많은 고객이 '알라딘서재'의 충실한 애용자다. 나만 해도 그렇다. 책을 사기 위해서라기보다는 알라딘서재에 게시되는 다양한 글과 리뷰가 궁금해서 홈페이지에 방문하곤 한다. 알라딘서재 이용자는 주로 알라딘에서 책을 구매하는 선순환이 이뤄진다. 알라딘만의 '굿즈'도 이용자에게 굉장한 즐거움을 준다. 알라딘 굿즈에는 단순히 사은품을 넘어선 이미지와 이야기가 담겨 있다. 많은 고객이 책보다 굿즈가 탐이 나서 알라딘 홈페이지 방문하고, 결국 책을 구매하기도 한다. 알라딘만의 문화, 이미지, 이야기가 자연스럽게 상품 구매로 연결된다. '굿즈를 샀더니 책이 왔다'는 농담이 나올 정도다. 미키타니 히로시는 이처럼 상품보다는 재미를 팔아야 하는 시대 흐름을 놓치지 않았다.

망해가는 집에서
배워라

더본

T
H
E

B
O
R
N

요식업과 숙박업, 교육업을 운영하는 대한민국의 기업이다. 창업자이자 최대 주주인 백종원이 대표직을 맡고 있다. 1993년 원조쌈밥집 브랜드를 시작으로, 1998년 역세권 번화가에 한신포차, 1999년 대패삼겹살을 개발해 상표 등록을 했다. 2002년 본가 브랜드 론칭, 2004년 해물떡찜0410, 2008년 알파갈매기살, 같은 해 절구미집, 2006년 빽다방, 한신포차, 새미을식당, 홍콩반점, 2011년 역전우동0410 등을 론칭했다. 2017년에는 호텔더본 제주를 론칭해 숙박업에 진출했으며, 예산고등학교와 예화여자고등학교를 운영하고 있다.

『백종원의 장사 이야기』, 백종원, 서울문화사, 2016

나이와 지위를 고려하자

식당을 차리는 데 나이와 사회적 지위를 고려하잔 말이 무슨 뜻일까? 식당을 창업하고자 하는 사람은 대개 어떤 음식을 팔지 고민한다. 식사를 중심으로 메뉴를 정할지 안주를 중심으로 술을 팔지 정해야 한다. 아무래도 음식을 안주 삼아 술을 주력해 파는 식당을 운영하면 불가피하게 이런저런 시비에 휘말리고 싸움이 나서 경찰이 출동하는 일도 허다하다. 아무리 식사 중심으로 메뉴를 꾸린다 해도 술을 팔지 않는 식당은 드물다. 결국 식당을 하다 보면 이렇게 저렇게 자존심이 상하고 화가 나는 일이 자주 생길 수밖에 없다. 한식 기업 더본 대표 백종원은 이런 점을 고려해 신중하게 식당 창업에 도전하라고 조언한다. 젊은이라면 괜찮지만 직장 생활 경험이 많거나 사회적 지위가 어느 정도 높았던 사람이라면 섣불리 식당을 창업해선 안 된다는 것이다. 백종원 자신도 나이가 더 어린 손님이 함부로 대해도 참을 수밖에 없었고 자존심이 상해서 아침마다 식당에 나가기 싫었다고 토로한다.

　식당 일은 이렇게 스트레스 받는 일이 많으므로 웬만하면 젊은 시절에 시작해야 한다는 충고를 보고 백종원이 무척 진솔하고 소탈한 사람이라는 인상을 받았다. 이보다 더 실질적이고 솔직한 충고가 또 있을까. 요식업계의 스타라면 뭔가 색다르고 기발한 비결을 알려주리라 생각했는데 식당을 하려면 자존심을 버려야 한다는 지극히 현실적이고 소주 한잔하면서 할 수 있는 이야기를 『백종원의 장사 이야기』 초반부터 강조하는 것을 보니 이 조언이야말로 식당을 창업하려는 사람이 가장 먼저 고려해야 할 사항이라는 생각이 든다. 백종원은 사학재단의 이사장이며 대한민국 사람 모두가 아는 방송인이기도 하고 거대 외식업체의 CEO다. 그런 지위에 있는 사람이 나이가 어린 손님이 함부로 대해도 참아야 했던 시절을 언급하면서 이런 충고를 책의 서두에 꺼내는 것을 보고 이 사람은 그저 자신의 성과를 자랑하거나 업체를 홍보하기 위해서 책을 내진 않았다는 확신이 들었다.

식당을 시작하려면 요리를 잘하지는 못하더라도 음식을 좋아해야 한다는 조언도 그렇다. 가게에 온 손님에게 감사할 줄 아는 마음가짐이 중요하다고도 강조한다. 백종원은 확실히 돈을 벌기 위해서 음식을 판 것이 아니고 음식을 좋아해서 요식업에 진출해 돈까지 번 사람이다.

나도 대학을 졸업하고 친구들과 건강식품 유통을 한 적이 있다. 취급 품목이 다양해서 토종꿀, 달팽이 진액을 비롯한 다양한 건강식품을 사무실에 가득 쌓아두고 장사를 했다. 나무 상자에 담긴 토종꿀을 진열대에 비스듬히 세워두었는데 이게 어느 날 용암처럼 녹아내려서 우리를 놀랬다. 사무실 바닥으로 흐르는 고가의 토종꿀을 보곤 우리는 마치 바퀴벌레라도 만난 것처럼 기겁했고 서둘러 내다버렸다. 그리고 사무실에 보관한 건강식품을 단 하나도 먹어본 적이 없었다. 우리는 토종꿀이나 건강식품을 좋아하지 않았던 혈기 왕성한 20대였다. 당연히 우리 사업은 망했다. '맛집'을 찾아서 세 시간을 운전하고 두 시간을 기다린 다음에 기어코 먹고 싶었던 음식을 먹고 감격의 미소를 짓는 식도락가가 식당을 차려야 성공하지, 배가 조금이라도 고프면 천하의 맛집이라도 10분 이상 기다리지 않는 입 짧은 나 같은 사람은 먹거리와 관련된 창업을 하면 안 된다.

장사는 망해가는 집에서 배워야 한다

"일부러 그렇게 하려고 해도 못 하겠네요."

골프를 배우겠다고 연습장에 갔는데 내 이상한 스윙을 지켜본 개인 지도 프로가 한 말이다. 위대한 선수 출신의 명감독이 드물다고 한다. 우리나라 프로야구 감독의 면면을 봐도 수긍되는 사실이다. 왜 그럴까? 재능이 뛰어난 유명 선수는 못하는 선수를 이해하지 못한다. 차라리 내가 선수로 뛰는 것이 낫겠다는 속마음을 감추느라 표정을 관리해야 할지도 모른다. 야구는 잘하는 선수가 잘한다는 말이 있는 것처럼 재능이 노력을 앞선다. 본인은 자연스럽게 하는 그것을 잘 못하는 선수를 이해하지 못하는 사람은 명장이 될 수 없다. 내 스윙을 따라 하지도 못하겠다는 개인 지도 프로보다는 차라리 내가 더 나은 골프 선생이 될 수 있을지도 모른다. 나는 적어도 모든 잘못된 스윙을 다 경험했으니 말이다.

식당을 창업하고자 하는 사람은 대부분 성공한 식당을 찾아가서 노하우를 배우려고 하지만 요식업이란 성공하는 데 시간이 오래 걸리고 예상치 못한 온갖 문제를 만나게 된다고 한다. 그래서 장사가 안 되는 식당을 찾아가서 장차 본인이 식당을 운영할 때 어떤 문제를 만나게 될지 미리 부딪쳐보는 것이 중요하다는 것이다. 백종원은 망해가는 식당에서 앞으로 닥칠 문제를 미리 경험하면 본인이 창업하고 비슷한 문제를 만났을 때 좀 더 좋은 해결책을 낼 수 있다고 조언한다. 말하자면, 골프를 잘 치고 싶은 사람이 있다면 내가 치는 모습을 관전하러 오면 된다는 뜻이다.

기존 요리를 변형해라

식당을 개업했다가 망한 사람의 원인 중의 하나는 천지가 개벽할 만한 깜짝 요리를 창조하려고 했기 때문이다. 백종원도 세상에 없는 메뉴를 개발하려 했다가 너무 멀리 나가는 바람에 실패한 적이 많았다. 그는 소위 퍼플오션 전략을 폈다. 퍼플오션이란 경쟁이 치열한 레드오션과 완전히 새로운 분야를 뜻하는 블루오션의 중간 개념이다. 전혀 새로운 상품을 개발하는 것은 어려우니 기존 친숙한 레드오션 상품을 약간 변형한 상품을 개발하는 것이다. 수많은 기업이 경쟁이 없는 블루오션을 찾는다. 그러나 블루오션 상품을 발명하는 것은 새로운 세상을 여는 만큼이나 어렵고 설사 운 좋게 완전히 새 상품을 개발한다고 해도 금세 후발 주자들이 비슷한 상품을 가지고 쫓아온다. 순식간에 블루오션이 레드오션으로 변한다. 한때 구하기가 너무 어려워서 암시장에서 거래되었던 과자 '허니버터칩'이 대표적인 퍼플오션이다.

'허니버터칩'은 대표적인 레드오션 상품인 감자 칩에 고소한 버터 맛을 입힌 과자다. 소비자들의 입소문을 타 출시한 지 불과 3개월 만에 50억 원어치가 팔렸다. 백종원이 접목한 요식업계의 퍼플오션은 본인이 가장 좋아하는 음식에서 출발했다. 제일 좋아하는 음식을 먹으면서 그동안 가장 불만족스러운 점을 생각하고 그것을 개선하는 게 그가 생각하는 퍼플오션이다. 비빔밥이 왜 비싸야 하는가 하는 의문에서 '백's 비빔밥'이라는 프랜차이즈가 나왔고, 깔끔한 식당에서 멋지게 저렴한 우동을 먹고 싶다는 바람에서 '역전우동0410'이라는 프랜차이즈가 생겼다. 완전히 새로운 메뉴를 개발하려면 남들보다 몇 배는 고생해야 하지만 본인이 어떤 요리에 품었던 불만을 개선하기 위해 시도하는 건 성공으로 가는 지름길이다. 앞서 살펴보았던 다이슨의 청소기를 떠올려보면 더 이해하기 쉽다. 먼지 필터로 인해 흡입력이 떨어지는 기존 청소기의 단점을 개선해 필터 없는 백리스 청소기 시대를 연 이가 다이슨이다.

짜깁기는 안 된다

장사를 처음 시작하는 사람은 보통 잘되는 집에 가서 장점을 자기 것으로 만들려고 한다. 가령 순대국밥을 하려는 사람은 유명한 집을 다 다녀본다. 어떤 집에 가봤더니 싼 가격이 장점이라서 그걸 채택한다. 또 어떤 집에 갔더니 순대를 듬뿍 넣어주는 것이 인상적이었다. 그래서 본인도 순대를 듬뿍 넣기로 한다. 또 어떤 대박집에 갔더니 순대와 함께 왕만두를 넣어주는 것이 특이했다. 이 모든 장점을 짜깁기해서 순대국밥을 만든다면 어떻게 될까? 아무것도 아닌 이상한 요리가 탄생한다. 단가도 맞지 않을 테고 만두를 어떻게 만들어서 넣어야 할지 암담해진다. 어거지 조합으로 만드는 메뉴이니 맛도 이상해질 가능성이 높다. 유명 배우들의 가장 잘생긴 부위만 골라서 합체하면 세상에서 가장 잘생긴 사람이 창조될까? 결코 아니다. 성공 포인트는 하나면 충분하다.

보상 심리라는 무서운 적

나는 가끔 뜻하지 않은 돈이 생겼을 때 이렇게 생각하곤 한다. 이 돈이 들어왔으니 이 정도는 사도 되겠지? 결국 욕심을 내고 있었지만 사지 못했던 물건을 산다. 담배를 피우던 시절에도 비슷한 생각을 했다. 힘든 수업을 한 시간 했으니 담배 한 개비 피워도 되겠지? 그러고 나서는 어김없이 담배를 피우러 갔다.

젊은 창업주들의 뒤끝이 좋지 않은 이유가 대부분 보상 심리 때문이라고 한다. 몇 년을 고생하다가 마침내 장사가 잘되기 시작하면 그동안의 고생에 대한 보상 심리가 작동된다. 외제 차를 사고 골프를 치기 시작한다. 이제는 내가 없어도 가게는 잘 돌아간다고 생각하면서 돈 쓰는 일에 탐닉한다. 그러다 장사가 망하는 것은 한순간이다.

슬기로운 동업 생활

백종원은 기본적으로 동업에 부정적이다. 동업을 하다 보면 사소한 문제로 감정의 골이 깊어지기도 하고 각자 기대치가 다르니 정산을 두고 갈등이 생기기도 한다. 그러나 자금 문제 등의 이유로 어쩔 수 없이 동업해야만 하는 사업주도 많다. 백종원이 생각하는 그나마 권할 만한 동업 형태는 이렇다. 식당을 실제로 운영하는 사람이 50~60퍼센트의 지분을 가지고 나머지는 서너 명의 동업자에게 투자받는 방식이다. 이렇게 하면 서너 명의 동업자들은 투자 비중이 높지 않으니 욕심을 많이 내지 않는다. 뜻이 맞지 않아 일부 동업자가 나간다고 해도 다른 사람에게 투자받을 수도 있고 가게를 운영하는 사람이 지분을 인수해도 된다. 이런 식으로 동업하면 시간이 지남에 따라 결국 한 사람이 모든 지분을 갖게 된다.

동업하기로 했으면 가게를 여는 1단계뿐만 아니라 장사가 잘 돼서 수익이 났을 때 배분을 어떻게 할지 상세하게 합의를 끝내는 3단계까지 함께 준비해야 한다. 그러니까 장사를 시작하고 나서 생길 수 있는 다양한 변수에 대해 미리 합의해두어야 하며 그러지 않으면 서로 감정이 상하고 다툼이 생길 수 있다는 것이다. 개업하기 전 모든 준비를 다 마쳤다고 생각하지만, 막상 시작하면 지금까지 본인이 알던 것은 실제 상황의 20퍼센트에 불과하다는 사실을 깨닫는다. 그러므로 수익 배분과 업무 분담에 이르기까지 세밀하게 정해둬야 한다. 더불어 되도록 지인과는 동업하지 않는 편이 좋다. 돈 문제나 음식에 대한 견해차 때문에 분란이 일어날 가능성이 크기 때문이다.

초보일수록 권리금이 있는 곳으로 가라

장사를 처음 시작하는 사람이 여유 자금이 충분한 경우는 적다. 여러 가지 걱정이 앞서서 가능한 투자 비용을 줄이고 장사가 잘되면 확장하겠다는 생각을 많이 한다. 백종원은 초보일수록 권리금이 있는 좋은 상권을 선택하라고 조언한다. 이상적인 상권은 오피스가 40퍼센트 주거 지역이 60퍼센트인 곳인데,

이런 상권은 보통 권리금이 붙기 마련이다. 낮에는 직장인 손님이 밤에는 지역 주민이 가게를 찾기 때문이다. 상권이 좋은 한 블록의 권리금이 몇억 원대라면 한 블록만 뒤로 가도 몇천만 원이 낮아지고 한 블록 더 뒤로 가면 훨씬 더 낮아진다. 이런 상황이면 많은 창업자가 권리금이 낮은 블록을 선택하기가 쉽다. 불과 한 블록 차이 때문에 단위가 다른 비용을 지출하기가 두려운 것이다. 또 권리금에서 절약한 비용으로 가게 평수나 실내 장식에 투자할 수도 있으니까 더욱 주저하게 된다. 상권이 조금 좋지 않더라도 재료를 더 많이 쓰고 가격을 좀 더 저렴하게 하면 손님들이 찾아오리라 생각도 한다. 과연 그럴까? 백종원의 생각은 아니다. 장사를 시작하면 이것저것 신경 쓸 것이 많고 문제도 많이 생겨서 스트레스가 심한데 손님까지 없으면 버텨낼 재간이 없다는 것이다.

일단 상권이 좋은 곳은 초기 비용은 많이 들지만 웬만하면 손님은 오니까 가게를 유지할 수 있으며, 장사를 하다 보면 나름의 노하우를 익히고 장사 흐름도 깨우치게 된다. 그러면 핵심 상권에서 약간 벗어난 B급 지역에서 장사해도 버틸 수 있는 실력이 갖춰진다. 장사를 처음 시작하는 사람이 망하는 대부분 이유가 권리금을 아끼자고 상권이 좋지 않은 곳에서 시작했기 때문이다. 평수를 줄이더라도 상권이 좋은 곳으로 가고 2층보다는 1층을 선택해야 한다. 상황이 어렵더라도 일단 손님이 와야 버틸 힘이 생긴다는 것이다. 손님이 없으면 주인은 아무것도 할 수 없고 패배감만 밀려올 뿐이다. 발품을 팔아서 상권이 좋고 권리금이 저렴한 곳을 찾는 것이 최선이지만 그것이 불가능하다면 초보일수록 권리금이 비싼 곳을 선택해야 한다. 권리금이란 거품이지만 단지 권리금이 저렴하거나 없다는 이유로 아무 데서나 가게를 열어서는 안 된다. 상권이 좋지 않은 곳에 가게를 여는 것은 경험이 많고 노련한 고수의 영역이다.

홀이냐 주방이냐 이것이 문제로다

당신이 식당 사장이라면 홀과 주방 가운데 어느 것을 더 중요시하겠는가? 이 문제에 관해서 의견이 갈리겠지만 대체로 요리를 할 줄 아는 사장은 주방에 더 무게를 두고 홀에는 나타나지 않을 가능성이 크다. 어떤 직장이든 사람을 많이 상대하는 업무가 가장 피곤하고 어렵다. 식당도 마찬가지다. 요리를 하는 것이 물론 어렵고 힘들지만, 주방에 있으면 오직 요리에만 집중하면 된다. 그러나 홀은 전쟁터나 마찬가지다. 손님들은 음식이나 서비스에 대한 불만을 홀을 담당하는 직원에게 쏟아붓는다. 자존심이 상하고 회기 나는 상황이 자주 일어난다. 그래서 본인이 요리사이기도 한 사장은 주방에서 고고하게 요리에 집중하는 편이고 홀은 다른 직원에게 맡긴다. 마치 요리사는 홀 직원보다 전문직 인력인 것처럼 사소한 손님과의 다툼은 남의 일이라고 생각하기도 한다. 그렇게 되면 어떤 상황이 벌어질까? 머지않아 그 식당은 망한다.

요리사에게는 주방이 가장 중요하지만, 사장이라면 이야기가 달라진다. 사장이 요리사이더라도 주방보다는 홀에 더 많은 신경을 써야 식당이 성공한다. 물론 사장 체면에 손님과 아웅다웅하다 보면 자존심이 상하는 일도 많겠지만 그것을 참고 이겨내야 식당이 잘 굴러가고 그래야 손님이 온다. 손님은 자신을 알아주는 식당을 좋아한다. 주방에서는 손님과 피드백을 주고받을 기회가 거의 없지만 홀에서 일하면 손님과 인사를 주고받고 음식에 대한 의견을 들을 수 있으니 일종의 유대 관계가 형성된다. 중국집에서 만두 한 접시를 서비스로 준다고 고객이 감동하지 않는다. 당연한 권리라고 생각한다. 고객들은 식당 주인이 직접 응대하고 서비스해주는 것을 좋아한다.

정해진 영업 시간을 꼭 지켜라

심야 시간에 운전할 때 외진 곳 신호등은 무시하고 싶은 유혹

이 생긴다. 감시 카메라도 없고 행인도 없으니 신호를 위반한다고 문제가 될 일이 없다고 생각한다. 그러나 사고는 언제 어디서 일어날지 모른다. 외진 곳이라고, 아무도 없다고 신호를 무시했다가 어떤 사고를 일으킬지 아무도 모른다. 소상공인들의 영업 시간도 마찬가지다. 내가 자주 가는 동네 서점 사장님은 술을 아주 좋아하는데 문 닫는 시간을 1분이라도 어기지 않는다. 아무리 술을 마시고 싶어도, 아무리 손님이 없어도, 아무리 피곤해도 정해진 시간이 지나야 퇴근한다. 본인이 사장이니 조금 일찍 퇴근하더라도 뭐라고 할 사람이 없지만 수십 년간 서점을 운영하면서 정해진 시간보다 일찍 서점 문을 닫은 적이 없다. 언젠가 한번 물어본 적이 있다. 도저히 손님이 올 것 같지 않은데 조금 일찍 퇴근하지 그러냐고 말이다. 서점 사장은 이렇게 말했다. "그래도 혹시 모르잖아요. 누가 책을 사러 올지. 정해진 마감 시간을 지키지 않으면 손님이 왔다가 되돌아갈 수 있잖아요." 식당도 마찬가지다. 예약을 하지 않는 이상 손님들은 언제쯤 가면 그 식당에서 식사를 할 수 있다는 기대를 하고 간다. 그런데 별다른 이유 없이 일찍 문을 닫아 발길을 돌린다면 웬만해서는 그 식당에 다시 가고 싶은 마음이 생기지 않는다. 정해진 영업 시간은 식당과 손님과의 약속이며 한번 약속이 깨지면 신뢰를 회복하기는 힘들다. 손님들은 신뢰할 수 없는 식당을 좋아하지 않는다. 이것이 바로 점주에게는 예상치 못한 교통사고 아니겠는가.

굳이 원조 대박집 옆에서 장사를 해야겠다면

원조집은 대개 장사가 잘되는 식당이다. 내가 만약 식당을 한다면 원조집 옆에서는 하지 않을 것이다. 손님들은 모두 원조집으로 갈 테니까. 그런데 굳이 원조집 옆에서 장사를 해야겠다는 사람은 백종원의 충고를 귀담아들어보자. 우선 원조집과 같은 메뉴를 해야 한다. 뭔가 원조집보다 튀어보겠다고 차별화를 시도하면 안 된다. 원조집 옆에서 장사를 시작하면 뭘 어떻게 해도 '짝퉁' 소리를 면하기 어렵다. 원조집과 경쟁해서 이긴다는 생각보다는 원조집에 줄을 섰다가 성격이 급해서 참지 못하고 옆에 있는 식당으로 향하는 손님을 노려야 한다. 처음에는 원조집이 흘린 떡고물을 줍는다는 생각이 필요하다.

짝퉁 원조집 입장에서 들을 수 있는 최고의 칭찬은 "원조집과 별다른 차이가 없어"다. 후발 주자가 성공하는 비법은 최대한 원조집과 똑같이 하되 반찬 한 가지, 깻잎 한 장 더, 밥 한 술 더 주는 것이 가장 효과적이다. 그보다 더 좋은 것은 손님에게 자주 알은체를 하는 것이다. 손님들과 쌓아가는 유대야말로 원조집을 이기는 비장의 무기다.

손님이 오면 주인은 숨어서 먹어야 한다

이게 무슨 소리인가 싶을 것이다. 사장이 식당 주인인데 왜 손님이 온다고 거지마냥 숨어서 먹어야 하는가? 나는 이 조언에 지극히 공감한다. 주말부부로 지내면서 '혼밥'을 자주 하다 보니 단골 식당에 들르곤 한다. 중앙 테이블에 한 가족이 소주를 곁들여 요란스럽게 식사를 하고 있었고 주인 할머니도 함께 앉아 있었다. 주문한 식사가 나오기 전에 나는 그 가족이 주인 할머니의 자녀들이라는 것을 알게 되었다. 딸과 사위 그리고 손녀였다. 주인 할머니와 그 가족은 정답게 대화를 주고받는데 옆에서 조용하게 식사를 하는 내가 마치 객식구가 돼 공짜 밥을 얻어먹는 기분이 들었다. 또 늦은 시간에 식당에 갔는데 주인이 홀에서 식사를 하고 있으면 손님들은 가게 문을 닫을 시간인가 싶어서 멈칫하게 된다. 식사를 하는 내내 눈치를 보게 되고 서둘러 먹고 나가야겠다는 생각이 든다고 해야 하나. 손님이 왔다고 해서 주인이 도망칠 필요까지는 없겠지만 되도록 손님 눈에 띄지 않는 별도의 공간에서 식사하는 편이 운영에 도움이 된다.

어떤 일이든 사장이 된다는 건 무척 골치 아픈 일이다. 맛과 위치만 좋으면 잘될 것 같은 식당도 고려해야 할 변수가 많다. 자신이 손님들을 낮은 자세로 대할 수 있을지, 메뉴 개발은 어떻게 해야 하는지, 영업 시간은 어떻게 관리해야 하는지, 사장은 어디에서 식사를 하면 좋을지까지 고려 대상이 된다. 그런 의미에서 현실적인 조언을 아끼지 않는 데다 서민이 즐겨 찾을 수 있는 프랜차이즈 식당을 다수 창업한 백종원의 조언은 많은 면에서 쓸모가 있다.

숫자와 친해져라

버거킹

버거킹은 레스토랑 브랜드 인터내셔널이 운영하는 세계적 요식 업체로서 맥도날드, KFC와 함께 3대 패스트푸드 업체로 꼽힌다. 최초의 버거킹은 1953년 키스 크레이머와 매슈 번스에 의해 미국 플로리다주 잭슨빌에서 인스타버거킹이란 이름으로 시작되었고, 1954년 뉴욕 코넬 대학교에서 호텔경영학을 공부한 제임스 맥라모어와 데이비드 에저턴이 가맹 1호점을 냈으며, 1959년에는 아예 두 사람이 인스타버거킹을 인수하면서 1호점을 마이애미에 냈다. 이후 인스타버거킹이란 이름은 그냥 버거킹으로 간소화되어 오늘에 이르렀다. 한국에는 1984년 종로에 첫 매장이 생겼으며, 현재 약 200개의 매장이 있다.

『버거킹』, 제임스 휘트먼 맥라모어, 김재서 옮김, 예미, 2021

창업을 하려는 자, 숫자와 친해져라

여러 창업자의 책을 읽으면서 느꼈다. 확실히 나는 사업에는 적성이 맞지 않는다. 그들이 말하고 생각하는 방식과 정반대 길을 걸어왔다. 결정적으로 사업을 하려는 자는 숫자와 친해지고 숫자 속에서 편안함을 느끼며 숫자를 활용하는 방법을 공부해야 한다는 버거킹의 창업자 제임스 휘트먼 맥라모어의 충고를 읽고 역시 사업하지 않길 잘했단 생각이 들었다. 지금까지 나의 모든 재정적 실패가 여기에 있었다는 것을 알게 되었다. 나는 숫자를 혐오했다. 숫자와의 악연은 뿌리 깊어서 초등학교 때 구구단을 외우지 못해 나머지 공부를 한 기억이 생생하다. 어린 시절 가장 끔찍한 기억 중 하나다.

굳이 사업을 하지 않더라도 개인의 재정은 숫자와 얼마나 친한지에 따라 좌우된다. 재산과 부채를 정확히 파악하고 수입과 지출을 계산하는 것에서 개인과 기업의 계획적인 재정이 시작된다. 숫자를 가까이하고 활용하는 습관은 제임스 휘트먼 맥라모어가 1954년 버거킹을 창립한 이후로 가장 중요한 원칙으로 작동했다. 그는 다양한 배경을 가진 직원들을 버거킹이라는 회사의 식구로 만들기 위해서는 회계 교육이 필수라고 믿었다. 똑똑하고 부지런한 수많은 청년이 기업 경영에 실패하는 이유가 회계와 친하지 않았기 때문이라고 설명한다. 과연 '뼈 때리는' 지적이 아닐 수 없다. 아무리 좋은 음식을 만들고 고객에게 친절하다고 하더라도 정확한 원가를 계산해서 적절한 이익이 남는 가격을 책정하고 비용과 매출을 철저하게 계산하지 않으면 사업에서 성공할 수가 없다. 회계는 경영의 언어다.

자신이 그리 똑똑한 사람이 아닐 수 있다는 사실

이제 막 대학교 졸업반이 된 나와 동기생들이 교생 실습을 앞두고 강당에 모였을 때 은사님이 하신 말씀이 생생히 기억난다.

"학교에 가면 자네들 스스로 선생이라는 생각을 하지 말고 초등학생이라는 생각으로 생활해야 하네."

선생이랍시고, 배울 만큼 배웠다고 알아서 판단하지 말고 매사에 선배 교사에게 질문을 한 다음 배워서 모든 일을 하라는 의미였다. 그래야 실수가 없다는 것이다. 사업에서도 마찬가지다. 맥라모어는 사업에 임할 때 자신을 과대평가하고 실제보다 더 똑똑하다고 판단하는 것만큼 위험한 자세는 없다고 생각했다.

자신이 그리 똑똑하지 않다는 것을 항상 기억하면 겸손한 자세로 일하게 되어 자연히 실수를 줄일 수밖에 없다. 다른 사람에게 좀 더 많은 조언을 구할 테고 말을 하기보다는 듣는 시간이 많아진다. 이렇게 되면 사업하면서 도움을 주는 파트너나 친구가 많아지며 실패 확률은 눈에 띄게 줄어든다. 반면 자신이 무척 똑똑하다고 생각한다면 치밀한 계획을 수립하기보다는 충동적으로 일을 추진한다. 이 말은 다양한 의견을 수렴하고 사전 조사를 철저히 하지 않은 채 독단적인 판단을 앞세우기 쉽단 뜻이다. 사업에서 성공 확률을 낮추는 전형적인 상황이다.

독특하고 개성적인 메시지

남들이 다 하는 방식의 홍보만큼 비효과적인 것도 없다. 이런 점에서 내가 연필을 사는 온라인 가게 주인의 홍보 방식은 남다르다. 특별히 좋아하는 연필이 있어서 주문을 하면 반드시 손

편지와 함께 사탕도 같이 보내온다. 기껏 두 다스를 샀는데도 그런다. 더 놀라운 점은 짧은 손 편지이지만 내용이 매번 다르고 심지어 자신의 근황까지 적어서 보낸다는 것이다. 가게 홈페이지에 올라온 고객들의 리뷰를 보면 그 짧은 손 편지에 감동해서 단골이 된 사람이 많다는 것을 알게 된다.

단순히 품질과 저렴한 가격을 내세우는 것은 어느 정도의 효과를 낼 수는 있지만 누가 봐도 큰 성공을 거두기에는 부족하다. 좋아하는 프로그램을 보기 위해서 마지못해 끝까지 보는 광고라든가 의무적으로 봐야 하는 몇 초간의 시간이 지나면 가차 없이 건너뛰기 버튼을 클릭하는 광고가 아니고 고객들이 궁금해하고 끝까지 보고 싶게 만들어야 한다는 것이 맥라모어가 버거킹을 운영하면서 고집한 광고 방식이다. 광고 자체가 호기심을 자극하고 재미있어야 한다. 1958년 버거킹은 예산이 부족해서 TV 광고 대신 라디오 광고로 CM송을 내보냈는데 귀에 착착 감겨서 아이들이 따라 불렀고 이 광고 하나로 맛있는 햄버거와 프렌치프라이를 파는 곳이라는 이미지를 얻게 된다.

은퇴 후를 대비하라

맥라모어가 자신의 자서전 『버거킹』을 통해 전하는 남다른 포인트는 '은퇴 후를 대비하라'는 충고였다. 창업자들은 대부분 정력적이어서 늘 새로운 일을 찾는다. 그런데 맥라모어는 왜 은퇴 후를 대비하라고 충고할까? 그에 따르면 기업체에서 초인적인 성과를 낸 사람일수록 은퇴 후에 너무 일찍 세상을 떠난 사례가 많다. 늘 긴장하고 바쁜 생활을 하다가 갑자기 은퇴하고 할 일이 없어지면 무기력증과 우울증에 시달리기 쉽다. 급격히 바뀐 생활 방식에 적응하지 못한다. 경영 자서전에 맥라모어가 은퇴 후를 대비하라는 충고가 뜬금없지 않은 까닭은 이 때문이다. 경영주는 일반인과 비교할 수 없는 바쁜 일정을 소화해야 한다. 그러다 은퇴 후 갑자기 한적한 생활을 해야 한다고 생각해보라. 일반 직장인도 정년 후를 준비하지 않으면 건강한 노년 생활을 보내기 어려우니, 경영자야 말해 무엇 할까.

교직 생활을 하면서 만나는 퇴직 교사들은 대부분 은퇴 후를 걱정하면서 퇴임식에 참석했다. 은퇴하게 되면 어떻게 여생을 보낼지 전혀 계획이 없는 경우가 허다했다. 정확히 통계화된 적은 없으나 교사들의 평균 연금 수령 기간이 10년이 채 되지 않는다는 이야기도 떠돌 정도다. 은퇴 후를 충분히 설계하지 못한 상태에서 갑자기 일을 손에 놓으면 장수할 확률이 낮아지는 것은 자연스러운 결과다. 창업해서 큰돈을 모았지만 오래 살지 못하고 단명하면 그동안의 노력이 무슨 소용이 있는지 허무해지지 않겠는가. 맥라모어는 은퇴 후에 청소년 단체, 학부모 교사 단체, 교회 등에서 왕성한 활동을 했다. 물론 충분한 준비가 있었기 때문에 가능한 일이었다.

노년층을 공략하자

맥라모어는 패스트푸드 업계가 갈수록 노년층을 적극적으로 공략해야 한다고 지적했다. 이 명제를 이야기하면서 맥라모어가 한국 상황을 고려하진 않았을 것이다. 한국은 전 세계에서 가장 빠른 속도로 고령화되고 있다. 이미 지난 2017년에 65세 이상 인구가 14퍼센트 이상을 차지해 고령화 사회가 되었다. 고령자는 일반적으로 익숙한 방식을 버리지 않고 새로운 음식을 맛보려고 하지 않는 성향이 강하다. 자연히 혁신적인 방식에 큰 관심이 없다. 노인은 키오스크 앞에서 직접 터치해서 주문하고 결제하는 이 낯선 방식을 반기지 않는다. 매장 분위기가 자신들의 정서와 맞지 않으면 좀처럼 발걸음을 내딛지 않는다. 그런 의미에서 한국 패스트푸드 업계가 노년층을 적극 겨냥하고 있는지는 의문이다. 다른 산업도 마찬가지이겠지만 이런 고령층의 정서를 적극적으로 고려해야 하는 시대가 왔다. 고령화 사회가 되었다고 해서 젊은 고개을 포기해서도 안 되겠지만, 고령층 고객을 이제 시장이 더욱 진지하게 고려해야 한단 뜻이다.

시대를 초월하는 외식 사업의 기본

빠르게 발전하던 버거킹이 위기를 맞자 맥라모어가 제시한 해결책은 '기본으로 돌아가자'였다. 외식 사업의 기본 중에서 취우선 순위는 좋은 음식과 깨끗한 매장이다. 음식 맛은 누구나 인정하는 외식 사업의 일순위 고려 사항이겠지만 청결한 매장은 의외로 많은 사업주가 간과한다. 내 주변에는 아무리 음식이 맛있어도 매장이 청결하지 않으면 절대 그 가게를 찾지 않는 사람이 많다. 일단 매장이 깨끗하지 않으면 음식 평가가 자연히 박해진다. 음식이 나오기 전 테이블에 파리 한 마리라도 날아다니면 손님은 이미 악평을 할 준비를 마친 것이나 다름없다. 물론 허름한 맛집도 있기는 하지만 그 식당은 오로지 그 가게 하나로 성공할 수 있을 따름이다. '허름한 콘셉트'로 식당을 확장하거나 사업체로 발전시킬 수는 없지 않은가.

그다음 우선순위는 효율적이고 정중한 서비스다. 손님은 종업원들이 우왕좌왕하는 기색이 보이면 불안하고 불편하다. 국민 타자 이승엽은 1루수 수비를 볼 때 다른 수비수의 송구가 좀 나쁘더라도 최대한 편안하게 받는 인상을 주려고 노력했다고 한다. 그래야 다른 수비수들이 마음 편하게 송구할 수 있고 결과적으로 송구 자체도 좋아진다는 설명이다. 서비스가 효율적이지 못하고 우왕좌왕하면 손님들은 괜히 미안해지고 불편해지기 마련이다. 마음이 불편한 식당을 찾을 이유는 없다. 식당은 음식뿐만 아니라 서비스를 파는 직종이라고 생각한다. 음식이 아무리 맛있더라도 종업원들의 태도가 불친절하거나 정연하지 않으면 그 식당에서 파는 음식의 질을 스스로 떨어뜨리는 것이나 다름없다. 공짜 점심이 아닌 이상 손님으로서 대접받고 존중받지 못하는 식당을 좋아하는 고객은 많지 않다.

맥라모어는 '가성비'도 강조한다. 그가 말하는 가성비는 가격 대비 괜찮은 품질뿐만 아니라 서비스도 포함한다. 7,000원에 파는 밥을 5,000원에 판다고 해서 가성비가 뛰어난 것이 아니고 5,000원짜리 밥을 팔지만 5만 원짜리 밥을 파는 가게인 것처럼 손님에게 관심을 보이고 친절하게 대하는 것이 가성비가 좋은 식당이다.

마지막으로 성공적인 식당 운영을 하기 위해서는 음식에 대한 기호 변화에 신경 써야 한다. 가령 건강에 관심이 높아지면서 쇠고기보다는 생선이나 지방 함량이 낮은 음식에 대한 선호도가 높아졌다는 사실을 간과해서는 안 된다. 튀긴 음식에 대한 선호도는 확실히 낮아졌다. 이런 소비자들의 경향은 수십 년 전에만 해도 미비했다. 세상은 빠르게 변하고 소비자의 취향 또한 빠르게 변한다. 모름지기 외식업을 하려면 시대에 따른 기호 변화에 민감하게 반응해야 한다. 최근에는 미닝아웃 meaning out 이라고 해서 소비 행위를 통해 자기 신념이나 가치관을 표현하는 사람도 많다. 비건주의자를 위한 식당을 운영하자면 인테리어를 '나 비건주의 식당에서 밥 먹었어'라고 SNS에 게시하기 좋은 그림을 만들어주어야 좋다.

가만 생각해보면, 맥라모어라고 해서 남다른 장사 비법을 말해준 건 아니다. 굳이 비법을 꼽자면 장사에 대한 가장 기본적인 원칙을 언제나 기억하고 실천한다는 사실이다. 우리가 살아가는 방법과 태도를 유치원에서 모두 배운다는 말도 있듯이 세상의 모든 사업은 고객을 배려하고 고객이 어떤 방향으로 가는지를 잘 살펴보는 태도에서 성공 여부가 갈린다.

고객을 속이지 마라

김영모과자점

한국 제과제빵계의 전설적인 빵집으로서, 서울 마포의 리치몬드 과자점, 서울 성북의 나뽈레옹과자점과 함께 서울 3대 빵집 중 하나로 꼽힌다. 독자적 발효종으로 만든 자연발효 빵이 유명하며, 레드와인 식빵, 수제 초콜릿, 타르트, 쥴레, 샌드위치 등으로 유명하다. 특히 오트밀 샌드위치를 비롯한 각종 샌드위치는 한번 맛보면 다른 제과점의 것은 못 먹는다는 소문이 돌 정도로 풍미를 자랑한다. 사내 제과제빵 경연대회인 '베이커스 챌린지'를 정기적으로 열고 있으며, 어린이날에는 어린이가 직접 제과제빵 현장을 경험할 수 있도록 하고 있다. 신진 제과제빵사의 등용문 역할도 하고 있어서 본점에 가면 작은 점포에 직원이 굉장히 많다. 창립자이자 대표인 김영모는 제빵 관련 저술, 연구 활동을 활발하게 하고 있다.

KIM YOUNG MO

『빵 굽는 CEO』, 김영모, 김영사, 2005

돈보다 사람

대중 앞에 선 사업가가 하는 가장 흔한 말 중 하나가 돈보다는 사람을 선택한다는 것이다. '타워팰리스 거주자 전용 빵집'이라는 애칭으로 불리는 지점을 보유하고 있고, 130명의 직원이 일하는 김영모과자점도 돈보다는 사람을 중시한다고 한다. 너무 흔한 말이라서 별다른 기대를 하지 않고 『빵 굽는 CEO』를 읽기 시작했다.

책 도입부에서부터 김영모가 새벽 6시에 고민을 하고 있다. 무슨 고민인가 했더니 강남의 노른자위에 자리 잡은 건물주가 간곡하게 다섯 번이나 입점을 부탁하는 전화를 걸어왔다는 것이다. 그냥 강남도 아니고 유동 인구가 많으며 고급 아파트를 끼고 있는 데다 공사를 막 끝낸 호화 쇼핑몰이다. 건물주의 호의로 보증금과 월세도 파격적으로 낮다. 대체 이게 왜 고민거리인가 싶어서 피식 웃음이 나왔다. 자수성가한 사람의 흔한 자랑인가 생각될 정도였다.

몇 쪽을 넘기자 이유를 알고 깜짝 놀랐다. 제과 업계에 있는 사람이라면 누구나 탐낼 상가에 입점하기를 망설인 이유가 건너편에 안면이 있는 후배가 열심히 제과점을 운영하고 있었기 때문이다. 더 우수한 경쟁자가 생존하는 것이 시장이라는 건물주의 말처럼 많은 사업가에게 이 상황은 고민거리가 아닐 것이다. 그런데도 김영모는 사업보다는 사람을 선택한다며 입점을 포기했다. 충격을 받았다. 사업가가 말하는 사람이란 직원이나 거래 업체 등 '자기 사람'을 말한다. 그런데 김영모에게는 동종 업계에 속한 사람도 자기 사람에 속하는 모양이었다. 그에게 빵이라는 테두리 안에 있는 사람은 모두 자기 사람이다.

김영모 본인도 어렵게 동네 빵집을 운영하다가 근처 대형 프랜차이즈 빵집이 들어와 망연자실했지만 오직 맛 좋은 빵이라는 경쟁력 하나로 이겨낸 경험이 있었다. 더구나 그 대형 빵집은 본인이 몸담았던 곳이다. 자본을 등에 업은 경쟁자의 등장은 어쩌면 시장의 기본 생리인지도 모른다. 그런데도 단지 근처에 후배가 빵집을 운영한다는 이유로 모든 이가 탐내는 자리를 포기한 것은 아무나 할 수 있는 결정이 아니다. 그는 왜 그런 결정을 내렸을까? 다른 사람의 가슴에 못을 박으면서까지 사업을 확장해야 할 이유가 없다는 논리가 그가 내세운 이유였다. 김영모는 빵을 너무 사랑한 나머지 빵을 만드는 사람은 모두 한 식구이며 제빵 업계가 잘돼야 본인도 잘된다고 인식하고 있음이 분명하다. 『빵 굽는 CEO』를 읽다 보면 김영모 사장의 이런 가치관이 오늘날의 그를 만들었다는 결론을 내리게 된다.

학력보다는 독서

김영모는 대한민국을 대표하는 부촌 타워팰리스 사람들의 입맛을 사로잡은 사람이지만 고등학교 중퇴가 학력 전부다. 이 보잘것없는 학력을 전혀 개의치 않는다는 말이 허언으로 들릴 수도 있다. 그러나 그의 방대한 독서량을 접하니 과연 그럴 수도 있겠다는 생각이 든다. 처음부터 자존감이 높은 사람은 아니었다. 17세에 제빵사가 된 김영모는 초라한 학력으로 열등의식에 사로잡혀 툭하면 싸우고 주먹을 휘둘렀다. 아무리 강하게 행동해도 채워지지 않는 텅 빈 마음속을 채워줄 것은 독서밖에 없다고 절감했다. 좋다는 책은 다 구해서 읽었고 특히 처세술, 대화술, 경영법, 마케팅 관련 서적을 탐독했다. 단지 재미나 지적 호기심을 채우기보다는 다른 사람과의 관계와 세상을 이해하고 나름의 가치관을 구축하겠다는 그의 독서론에 감명을 받았다. 특히 신문과 책을 열심히 읽었다. 모든 사회 문제에 대해 나름의 판단 기준을 가지고 자기 의견을 자유롭게 밝힐 수 있게 된 것은 한 인간으로서 그리고 사업가로서 큰 자산이 된 것이 분명하다. 빅토르 위고는 인쇄술의 발명으로 책의 홍수 시대가 되었다고 한탄한다. 당시까지만 해도 출간된 책을 모두 쌓으면 지구에서 달까지 이른다고 지적했다. 책의 홍수는 정보의 홍수를 의미한다. 정보가 넘치다 보면 사람들은 옥석을 가리기 힘들고 자신이 좋아하는 방향만 쫓는 확증편향에 빠지기 쉽다. 우리나라에서 가장 어려운 관문 중의 하나를 통과한 법조인들이 왜 가끔 '아는 것이 없다'라는 평가를 받을까? 오랜 세월 동안 법에만 몰두해 살고, 세상 돌아가는 사정을 살피지 않으며 독서를 게을리하면 법만 아는 바보가 되기 때문이다. 자신이 좋아하는 정보만 받아들이고 그렇지 않은 정보는 애써 무시하는 사고방식을 갖게 되면 세상을 제대로 볼 수 없다. 확증편향에서 벗어나는 가장 확실한 방법은 독서다.

김영모는 학력은 부족하지만 광범위한 독서를 통해서 아량과 식견을 갖추었다. 그것이 많은 사람이 존경하는 사업가가 되는 데 밑받침이 되었음이 분명하다. 경기 불황에는 소비자에게 비싼 스타킹을 살 여력이 없을 것을 감안해 패션 업계가 긴 스커트를 출시하듯이 김영모도 여성 패션을 관찰하고 그 결과를 케이크 디자인에 반영한다. 유행이 빨리 변하는 패션처럼 케이크도 유행을 탄다. 패션과 머리 모양만큼이나 김영모가 눈여겨 살피는 것이 당대 베스트셀러다. 베스트셀러는 시대 상황과 유행을 반영하는 사례가 많으니 잘 살펴보면 시류에 맞는 케이크에 대한 아이디어가 떠오른다고 조언한다. 독서는 그에게 다양한 사람과 교류하고 세상을 보는 눈을 주었을 뿐만 아니라 시대 변화에 맞는 식견을 갖추어 뒤처지지 않는 제빵을 할 수 있도록 해주었다.

약점을 숨기지 않는 용기

헬스클럽에서 만난 60명이 신년 모임을 했다. 자기소개를 하는데 모두 명문 대학을 졸업했다는 말을 빼놓지 않았다. 김영모는 자신의 학력을 숨기지 않았다. 고등학교도 졸업을 못 했지만, 누구보다도 열심히 살았고 독서도 치열하게 했으니 언제든 불러달라고 말했다. 결과는 어떻게 되었을까. 그를 제외한 나머지 59명은 모두 그에게 다가와서 대화를 청하고 존경심을 표했다. 만약 그가 자신의 학력을 만회하기 위해서 사업체를 자랑하고 거만했다면 아무도 그 곁으로 다가오지 않았을 것이다. 『빵 굽는 CEO』는 자서전이다. 자서전의 특성이 그렇거니와 자신의 장점을 드러내는 것이 인간 본능 중 하나이니 자연스럽게 성과를 자랑하기 십상이다. 그러나 이 책에서 내가 깜짝 놀란 것은 본인조차도 혼란스러운 가족사를 솔직하게 털어놓았다는 점이다. 독자인 나로서도 굳이 이런 이야기까지 써야 했을까 회의가 드는데 김영모는 자세히도 적어놨다. 가난은 둘째 치고 부모로부터 버림받아 이 집 저 집을 전전하는 객식구로 살았다는 것에서 어머니 아버지라고 부른 분들이 여러 사람이라는 이야기까지. 모두가 잘난 척하는 세상에서 솔직하게 부족하고 자랑스럽지 않은 자기 이야기를 털어놓는 것 자체가 다른 사람에게 믿음을 준다. 기실 나도 김영모가 말하는 슬픈 가족사를 읽고 그를 더욱 존경하게 되었고, 인간의 삶에서 진정성이란 무엇인지 되새겨보게 되었다.

대형 프랜차이즈를 두려워하지 마라

소상공인은 대형 프랜차이즈를 무서워한다. 김영모도 자주 그랬다. 동네에서 나름으로 열심히 장사해서 자리 잡았다고 생각한 순간 도로 건너편에 대형 프랜차이즈 지점이 들어서는 것을 보고 여러 번 좌절했다. 그도 사람인지라 처음에는 그 프랜차이즈에 살려달라고 눈물로 호소했지만 끝내는 실력으로 살아남았다. 장사 경험이 없어도 충분히 헤아릴 수 있다. 내가 장사를 하는데 이웃에 대형 프랜차이즈가 들어온다면 그 좌절감을 어떻게 말로 표현할 수 있을까. 과연 프랜차이즈는 소상공인의 천적인가? 김영모는 아니라고 말하며 자신이 그 주장을 입증했다. 소상공인은 어떻게 프랜차이즈를 이길 수 있고 동네 가게는 어떤 장점이 있을까?

소비자는 대형 프랜차이즈를 신뢰하고 과대평가하는 경향이 있다. 동네에 프랜차이즈가 생기면 그동안 다녔던 동네 가게를 단박에 배신한다. 그러나 결국 소비자는 품질을 따지게 되어 있으니 다른 생각 하지 말고 맛있고 건강한 빵을 어떻게 만들지 연구하고 실천하면 그 어떤 대형 프랜차이즈가 오더라도 무서워할 필요가 없다는 게 김영모의 경험에서 나온 지론이다. 처음에는 대형 프랜차이즈에 혹하겠지만 품질만 우수하다면 결국 동네 가게로 돌아오기 마련이다. 더구나 요즘은 대량 생산품을 피하고 수제품을 선호하는 경향이 많다. 소비자들은 자신도 모르게 동네 커피점, 빵 가게를 보면 수제품이라는 생각을 먼저 하게 된다. 이런 추세에 맞춰서 품질 향상에만 전력을 기울인다면 어떤 경쟁자가 나타난들 벌벌 떨 이유가 없다.

김영모과자점이 입맛이 까다로운 타워팰리스 주민을 사로잡은 것도 프랜차이즈가 아니었기 때문이다. 큰 조직은 신제품을 개발에 굼뜰 수밖에 없다. 의사 결정 과정이 복잡하기 때문이다. 더구나 모든 매장에 같은 제품을 공급해야 한다. 그렇지만 김영모과자점은 고객 취향과 의견을 접수한 다음 날에 신제품을 내놓을 수 있다. 지역 주민을 겨냥한 특화 상품을 내놓을 수 있는 것도 동네 빵 가게이기 때문에 가능했다. 김영모과자점은 주변에 경쟁 업체가 생겨나면서 매출이 오히려 늘었다. 독점 업체라서 비싸게 판다는 오해를 받을 필요도 없어졌고 소비자들이 다른 빵 가게와 맛을 비교하면서 오히려 김영모과자점 제품의 품질이 우수하다는 명성이 더 높아졌다.

아낌없이 베푸는 시식

대형 할인점에서는 자주 시식 코너를 운영한다. 고객들은 허겁지겁 먹는데 음식을 내놓는 직원들은 감질나게 조금씩 푼다. 당연하다. 공짜로 주는 음식인데 고객들이 배부르게 먹을 수 있을 정도로 많이 줄 수는 없다. 이와 달리 생각하는 곳이 있다. 김영모과자점은 시식을 진행하면 충분히 먹을 수 있게 빵을 내놓고 심지어는 시식용 빵을 주머니에 가득 넣고 나가도 뭐라고 하지 않는다. 시식용 빵과 무료로 제공하는 커피를 곁들여 한 끼 식사를 해결하는 고객도 제지하지 않는다. 시식용이라고 해서 빵을 잘게 썰지도 않는다. 크고 푸짐하게 내놓는다. 성공한 자의 여유가 아니다. 나름의 이유가 있다.

아무 조건 없이 푸짐하게 베풀면 고객들은 언제든지 다시 들러서 보답한다. 또 다른 이유도 있다. 공짜 음식만큼 맛있는 게 또 있는가? 공짜로 먹는 빵을 고객들은 더 맛있게 느낀다는 것이다. 이 정도 되면 김영모가 심리학 책도 열심히 읽은 것 아닌가 생각된다. 또 고객들은 공짜로 빵을 먹는다는 혜택에 빵 맛에 대한 다양한 의견을 내놓는 보답을 한다. 맛있다는 칭찬이 입소문으로 돌게 된다. 빵에 대한 소비자의 솔직하고 빠른 의견은 돈으로 살 수 없는 귀한 선물이다. 시식은 대가 없이 베풀어야 한다는 게 김영모의 철학이다.

고객을 속이지 마라

나는 코흘리개부터 제사를 지내왔고 지금도 여전하다. 제사나 차례를 모시다 보면 지방에 쓰는 한자의 획이 살짝 이상하거나 절하는 순서가 조금 잘못되더라도 그냥 넘어가기 일쑤다. 누가 감시하는 것도 아니고 죽은 조상님이 이걸 어떻게 알겠느냐 생각했다. 그러다가 제사 문화에 관한 책을 읽다 '귀신을 속일 생각을 하지 말라'는 구절을 읽고 깜짝 놀랐다. 제사나 차례를 지낼 때 정성을 다하여 지내고 꼼수를 부릴 생각을 하지 말라는 의미였다.

크리스마스 대목을 앞두고 만든 케이크 400상자를 직원들이 지하실에 두었다. 김영모가 확인해보니 과연 케이크에 지하실 냄새가 배어 있었다. 평생 빵만 만든 사람이니까 그 냄새를 느끼지 일반인이 구별하기는 힘들다. 이런 경우 어떻게 해야 할까? 많은 점주가 어차피 고객이 알지도 못하는데 굳이 힘들게 만든 케이크를 모두 폐기하진 않을 듯하다. 다음 날이 바로 크리스마스라면 더욱 그렇다.

김영모는 혹시 지하실 냄새를 느낄지도 모르는 한 명의 고객을 잃고 싶지 않았다. 케이크 400상자를 모두 폐기하고 직원들과 밤새 새로 만들었다. 케이크에 결정적인 하자가 있는 것도 아닌데 굳이 그럴 필요까지 있겠냐는 생각도 들지만, 품질에 대해서만큼은 조금의 결함도 인정하지 않겠다는 태도가 중요하지 않겠는가. 집착에 가까운 열정이 오늘의 그를 만들었다. 어려운 시절에 만나 서로를 다독거리면서 평생을 함께한 아내와 자주 다툰 이유가 김영모가 맘에 들지 않는 빵을 마구 버렸기 때문이다. 김영모는 매일 굽는 빵을 마치 장인이 도자기를 굽는 듯한 정성으로 대했다. 99명의 고객이 모르고 지나가는 상품의 미미한 결함을 한 명이 알아차렸을 때 그가 평생 쌓아 올린 명성이 순식간에 사라질 것을 두려워했다. 고객은 보이지 않는 것도 보는 사람이다.

장비 욕심은 참기 어려워

무슨 일이든지 장비에 열광하는 사람이 있다. 그렇지만 취미 사진가가 좋은 카메라를 장만하면 '작가 할 거냐'라는 핀잔을, 아마추어 골퍼가 좋은 골프채를 장만하면 '선수 할 거냐'는 잔소리를 듣기 쉽다. 그다음엔 항상 '고수는 장비를 가리지 않는다'라는 말이 따라온다. 하긴 전문가용 카메라를 가진 아마추어보다 휴대전화로 찍는 전문 작가의 작품이 나을 때가 많다. 음식 분야도 마찬가지다. 소위 말하는 '손맛'이나 '비법'에 대한 환상이 있는 우리나라 사람은 음식 고수가 장비에 집착하는 모습이 익숙하지 않다. 음식 맛은 손끝에서 나온다고 해서 기계보다는 사람의 경험을 더 신뢰하는 것 같다. 그러나 우리나라에서 가장 맛있고 건강한 빵을 만드는 장인 중의 한 명인 김영모는 장비 '덕후'다. 장비가 좋으면 결과물도 좋을 수밖에 없다. 직접 지켜보고 맛을 봐가면서 요리하는 사람의 정성을 기계가 따라갈 수는 없지만, 정확성만큼은 기계가 사람보다 낫다. 스위치만 올리면 5분 이내에 영하 10도까지 내려가는 냉동고가 있다면 요리사는 더 신선한 재료를 사용할 수 있다는 뜻이다. 어떤 분야이든 전문가는 최신 장비가 나왔는지 항상 점검해야 한다. 최고의 요리사는 최고의 장비를 사용한다.

절대로 동고동락한 직원을 해고하지 않는다

경영이 어려워서 직원을 줄이겠다는 논리에 반박하는 사람은 드물다. IMF가 닥쳤을 때 재료값은 폭등했고 매출은 줄었다. 이럴 때 경영자가 내리는 가장 손쉬운 결정은 직원 해고다. 김영모가 비록 직원은 절대 해고하지 않고 월급도 깎지 않는다는 철칙을 중시했지만 지키기 어려운 일이다. 회사는 대가족과 같으므로 단순히 경비 절감을 위해 직원을 해고해본 적이 없다고 자부했던 의류 업체 파타고니아도 1991년에 직원의 20퍼센트인 120명을 해고한 전력이 있다.

김영모는 해고 대신에 가격 인상을 선택했다. 통상적인 위기 탈출과는 반대되는 선택을 했다. 직원들조차 일부를 해고하고 가격을 낮춰야 한다고 주장했다. 품질이 다소 낮아지더라도 원가를 줄이는 쉬운 방법을 선택하지 않고 공장을 샅샅이 뒤져서 불필요한 재료 낭비를 줄였다. 문제의 원인을 사람이 아니라 시스템과 운영에서 찾았다. 재료가 어디에서 새어 나가는지 살피고 수정했다. 김영모과자점이 좋은 품질을 고집하느라 걸핏하면 야근하게 되고 동종 업계에서 평균이나 그보다 약간 낮은 급여를 지급함에도 장기 근속자가 많은 이유 중 하나가 여기에 있다. 빵과 사람을 아끼는 것이야말로 김영모과자점의 가장 큰 매력이다. 이 매력은 소비자뿐만 아니라 직원에게도 끌리는 장점이다.

빵집은 늘 빵으로 넘쳐야 한다

주말마다 빵 가게를 들르는 고객으로서 가장 매력적인 정책이다. 내가 자주 가는 프랜차이즈 빵 가게는 열에 일곱은 내 가족이 좋아하는 시폰 케이크나 크루아상이 품절이다. 늦은 시간도 아닌데 품절이라는 소리를 들으면 어느 날엔 조금 짜증이 나기도 한다. 그래서 요즘은 다른 가게를 찾는다. 단팥빵을 150개 만들었는데 그중 100개만 팔린다면 50개는 버려야 한다. 그만큼 가게는 손해를 본다. 가게가 이 사실을 고려하고 80개만 만든다면 나처럼 갈 때마다 품절이라는 소리를 듣는 고객이 생긴다. 품절되어 구매하지 못하는 고객이 있더라도 절대로 버리는 빵을 만들지 않겠다는 가게의 입장도 충분히 이해가 된다. 그러나 김영모는 나처럼 실망하는 고객을 한 명이라도 만들지 않는다. 무턱대고 빵이 넘치게 만들지는 않는다. 계절과 날씨를 고려하고 오랜 경험으로 쌓인 데이터를 활용해서 가장 적절한 수량을 생산하려고 애쓴다. 빵집에는 항상 빵이 넘쳐야 한다는 지론을 지켜나가고 있다.

착하지 말고 선해져라

우리들제약

PHARMGENSCIENCE

2021년 기준으로 60년이 된 국내 제약 회사다. 1961년, 수도약품 공업주식회사로 이름을 알렸고, 5년 뒤 법인으로 전환됐다. 오랫동안 수도약품 상호를 이어오다가 2008년 우리들생명과학주식회사로, 2009년 우리들제약으로 개명했다. 그리고 2021년 창립 60주년을 맞이해 다시 팜젠사이언스로 이름을 바꾸어 세계 시장에서 입지를 다지고 있다. 1961년 창립돼 순환기, 소화기, 항생제 등 전문의약품과 일반의약품을 중심으로 국내에서 입지를 다져왔고, 코로나19 진단키트 수출을 기점으로 새로운 영역에서 영향을 키워나가는 중이다.

유치장이라는 학교

성공한 창업자들의 자서전을 읽으면서 이들은 역시 보통 사람과는 세상을 보는 눈이 다르다는 사실을 자주 느끼지만 우리들제약 회장 한의상의 『사람만 남았다』를 읽다가 다시 한번 깜짝 놀랐다.

노상에서 좌판을 하는 사람이 가장 무서워하는 것은 험한 날씨나 손님이 오지 않는 것이 아니라고 한다. 우산 장수는 비가그치는 것보다 구청이나 경찰이 하는 단속이 더 무섭다. 좌판을 벌이고 떡볶이를 팔았던 할머니가 구청의 단속으로 야단법석이 된 상태에서 애써 만든 떡볶이가 길거리에 쏟아지자 길거리에 주저앉아 대성통곡을 하는 모습을 담은 보도 사진은 좌판

상인에게 단속원들이 어떤 존재인지를 잘 보여준다. 구청에서 좌판을 단속할 때 다른 상인들은 세상이 망한 것처럼 혼비백산이 되었지만 한 사람은 빙긋이 미소를 지으면서 쾌재를 불렀다. 이 이상한 상인이 먼 훗날 세계적 제약 회사인 '우리들제약'을 창업한 한의상이다.

모두가 두려워하는 단속과 유치장이 어째서 그에게는 축복이었을까? 평상시 말도 붙이지 못했던 내로라하는 선배 노점상과 격의 없이 대화를 나누고 장사 노하우를 전수받을 수 있기 때문이다. 한의상은 상대의 나이가 어리더라도 경험이 많은 노점상이라면 형님으로 대접하면서 장사 수완을 배웠다. 물론 이것 또한 동종 업계 라이벌에 대한 경계가 허물어진 유치장이라는 공간이 선물한 상황 덕분이었다.

사람은 함께 고초를 겪는 동료와는 묘한 유대감과 친밀감을 느끼는 법이다. 〈모가디슈〉(2021)라는 영화는 내전으로 난장판이 된 소말리아의 수도 모가디슈에서 벗어나기 위해서 남한과 북한의 대사관 직원들이 서로 협력하고 배려하면서 탈출하는 이야기다. 이념과 국적이 다른 남북한 대사관 직원들은 평소에는 서로 미워하고 일을 방해하는 적군이었는데도 말이다. 비슷한 경험을 나도 군대에서 했다. 조직폭력배를 연상시키는 험악한 인상에 거친 말투를 구사하는 무서운 선임이 있었다. 그가 노려보기라도 하면 후임병들은 무서움에 떨었는데 우연히 그와 같은 시기에 유격 훈련을 받게 되었다.

유격은 계급장을 떼고 인간이 지닌 극한 한계에 도전하는 훈련이다. 함께 맨땅을 뒹굴고 물구덩이를 기게 된 그 무서운 선임자는 '아는 형님'으로 돌변했다. 그렇게 자상하고 친절할 수가 없었다. 군대 생활을 슬기롭게 하는 요령도 알려주었고 심지어는 격려도 해주었다. 동종 업계 선배는 그 어떤 경영학, 경제학 저서에서도 구할 수 없는 귀한 노하우를 가득 담고 있는 보물섬이며 금은보화를 찾기 위해서는 장소와 시기를 가리지 않아야 한다는 것이 한의상의 철학이다. 물론 그 장소가 유치장이어도 마찬가지다.

말이 안 되면 글로

법가 사상으로 유명한 한비자는 당대의 또 다른 영웅 진시황제를 충분히 매료시킬 만했다. 한비자의 열렬한 팬이 된 진시황제는 그와의 만남을 소원했다. 마침내 꿈에도 그리던 한비자를 만난 진시황제는 금방 실망했다. 현란한 글 솜씨와 다르게 한비자는 말을 심하게 더듬었다. 성격이 급하고 불같았던 진시황제는 한비자의 느리고 어눌한 말투를 참지 못하고 그에 대한 애정을 거두었다. 비록 한비자는 천하를 통일한 진시황제의 부름을 받아 출세는 못 했지만, 그가 글로 남긴 법가 사상은 진시황제가 나라를 운영하는 요체가 되었고 현대 중국의 중요한 건국 이념이 되었다. 영업으로 빛나는 성과를 올리며 30대 초반에 최고 경영자 자리에 오른 한의상이 심한 말더듬이라는 사실은 의외다. 그는 어떻게 이 어려움을 극복했을까?

글쓰기가 큰 도움이 되었다고 생각한다. 한의상은 정다운 스님이 운영하는 문학 동인회에 우연히 참가한 뒤 큰 전환점을 맞이한다. 그 모임이 그에게 중요한 삶의 일부가 되었을 만큼 좋은 영향을 주었다. 말을 잘해야 출세할 수 있었던 춘추시대 말기에 한비자가 저작으로 통일 중국의 근간을 마련했듯이 '글'은 한의상에게 현란한 혀가 주지 못했던 표현의 자유와 위로를 선물했다. 글쓰기는 그가 기대하지 않았던 인생 최고의 선물도 주었다. 중졸 학력을 가진 가난하고 허약한 용접공이 평생을 함께하며 큰 힘이 되었던 아내를 문학 동인회에서 만났다. 그 아내와 사랑을 키울 수 있었던 것도 그가 보낸 편지 덕분이었다.

부자가 되는 방법

21세기를 선도하는 최첨단 기업인 미국의 아마존, 일본의 소프트뱅크 그리고 제약 사업을 선도하는 한국의 우리들제약의 공통된 성공 비결이 춘추 시대 고전 『손자병법』에 기초한다는 점은 놀랍다. 손정의, 제프 베이조스도 경영 방침으로 삼는다는 '도천지장법道天地將法'을 한의상은 '부자 되는 비법'으로 꼽는다. 『손자병법』은 도천지장법을 전쟁터에서 적과 싸워 이기는 비결로 말하지만, 기업가에게 사업과 시장은 전쟁이나 다름없으므로 성공적인 기업을 만들고 부자가 되는 비결로도 손색이 없다.

먼저 도道는 무엇인가? 전쟁을 시작하기 전에 혼자서 생각하고 판단하는 군주는 반드시 패하고 백성과 뜻을 함께해야만 이길 수 있듯이 경영도 리더가 먼저 구성원들에게 조직이 나아갈 방향을 제시하고 공감을 얻어야 성공할 수 있다는 뜻이다. 회사가 어떻게 해야 성공할 수 있는지 그 방향을 직원들에게 먼저 제시해야 직원들이 성실하게 근무한다는 생각이다. 제프 베이조스가 1997년부터 꾸준히 주주들에게 보내는 서한을 통해서 아마존이 나아갈 방향과 경영 방침을 제시한 것이 이런 맥락이다. 마찬가지로 손정의도 소프트뱅크의 30년 미래 계획을 적극적으로 대내외에 알렸다.

『손자병법』에서 말하는 천天은 전쟁을 수행하기에 좋은 때를 말한다. 하늘이 정해준 타이밍이라는 뜻인데 경영에서도 때가 중요하다. 아무리 기술력이 뛰어난 상품을 개발해서 시장에 내놓더라도 트렌드에 부합하지 않으면 팔리지 않는다. 스마트폰으로 대세가 바뀌었음에도 많은 투자를 해서 피처폰을 내놨다가 실패를 맛본 국내의 한 기업을 보더라도 경영자는 당대 트렌드를 잘 살피고 그에 맞는 상품을 내놓아야 한다.

지地는 전쟁을 수행할 때 부대를 배치하고 적절한 전투 장소를 탐색하는 것을 말한다. 또 지형을 살피고 고려해서 작전을 수행해야 한다는 뜻이기도 한데, 기업가에게 지地란 시장을 의미한다. 회사 내부만 단속하고 추려나갈 것이 아니고 물건이 팔리는 시장 형태와 상황을 살펴야 한다. 화투를 칠 때 내 패뿐 아니라 상대 상황도 살펴야 이길 수 있듯이 경영자는 전반적인 시장 상황을 꿰뚫는 안목을 키워야 한다.

장將은 용인술을 겸비한 덕장을 의미한다. 유능한 장수에게는 유능한 부하가 있듯이 유능한 경영자는 좋은 인재를 곁에 모은다. 성공한 창업자는 모두 인재를 모으려고 애쓴다. 병적으로 집착한다고 해도 과언이 아니다. 인재를 모으는 방법만 조금 다를 뿐 결국 뛰어난 인력이 모여야 기업이 성공한다는 명제에 이의를 제기하는 창업자는 없다. 인재를 모으기 위해서는 후한 복지와 급여뿐 아니라 경영자가 진심으로 직원을 대하는 덕장이 되어야 한다.

마지막으로 법法은 병사 동원이나 보급 체계를 뜻하지만 비즈니스 세계에서는 회사 관리 체계부터 상품을 관리하는 소프트웨어까지 포함한다. 장수 한 명의 개인기와 지도력이 중요했던 과거에는 장將을 우선시했지만, 지금은 시스템과 플랫폼이 중요한 시대이기 때문에 갈수록 법法에 주목해야 한다.

생존을 위한 독서

초등학교를 졸업하고 공장에 다녀야 했던 한의상에게 독서는 취미가 아니었다. 정규 교육 과정에서의 배움이 짧았던 그에게 독서는 생존을 위한 과제였다. 모르는 것이 있으면 끝까지 파고들어야 치열한 사업 세계에서 생존할 수 있었고 다른 사업가와 교류하고 토론하기 위해서도 독서가 꼭 필요했다. 인터넷을 전혀 몰랐던 그가 인터넷 사업을 시작했을 때 그를 가르친 것은 학교가 아닌 책이었다. 강연 원고도 없이 『삼국지연의』와 『수호전』의 명구절을 하나도 틀리지 않고 읊어대며, 물리학을 이야기하다가 경영학으로 넘어가는 명강사가 된 그에게 특별한 독서법이 있다.

보통 사람들은 책을 읽기 시작하면 다 읽고 다음 책으로 넘어가는데 한의상 회장은 한꺼번에 여러 권의 책을 읽는다. 여러 권의 책을 서재, 차 안, 사무실 등 본인이 자주 가는 장소에 두고 그 장소에 갈 때마다 읽는다. 이른바 병렬식 독서라고 하는데 실천하기가 꽤 까다롭다. 장소별로 읽는 책이 다르니까 이전까지 읽었던 줄거리를 되살리기까지 시간이 걸리고 쉽게 몰두할 수 없는 단점이 있다. 반면 장점이 있다. 우선 책을 들고 다니지 않아도 된다. 나만 해도 어딜 급하게 가려면 읽던 책부터 챙기는데 이게 은근히 귀찮고 번거롭다. 어쩌다 읽던 책을 가져오지 않았다는 것을 알았을 때 밀려오는 짜증을 감당하지 못할 때가 있다. 며칠간 이어지는 출장길에 나서면서 읽던 책을 두고 오면 현지에서라도 그 책을 사야 하나 고민된다.

읽을 책을 여러 장소에 두면 틈새 독서가 가능해진다. 책은 책상에 앉아서 정색하고 읽는 것보다 잠깐의 짬을 내서 아무 데서나 읽는 편이 더 좋다고 생각한다. 공부든 독서든 조금씩 자주 하는 것이 더 효과적이다. 무엇보다 병렬식 독서법의 가장 큰 장점은 여러 분야의 지식을 통섭할 수 있다는 것이다. 만약 문학과 경제학서를 동시에 읽는다면 자연스럽게 문학과 경제학이라는 동떨어진 학문의 연관성을 발견할 수도 있고 두 분야를 통합해 생각할 거리도 발견하게 된다. 한 번에 여러 분야의 책을 읽으면 뇌 활동이 왕성해져서 자연스럽게 다양한 학문을 통섭하는 능력이 키워질 가능성이 높다.

착하게 장사하면 망한다

고객을 생각해서 재료를 듬뿍 넣고 가격도 저렴한데 왜 장사가 안 되냐고 하소연하는 사람이 있다. 한의상은 착하게 장사해서 망했다고 단언한다. 장사는 선善하게 해야지 착하게 하면 안 된다는 것이다. 착한 것과 선한 것은 어떻게 다를까? 예를 들어 심성이 곱고 착한 어떤 사람이 쌀이 한 톨이라도 생기면 남에게 베풀기 바빠서 자기 식구들은 굶기기 일쑤고 급기야 봄에 뿌릴 종자가 없어서 이웃에게 빌리러 다닌다고 가정하자. 한의상의 기준에서 이 사람은 착하지만 선하진 않다.

또 한 농부가 있다. 평소에 남에게 베풀지도 않지만 그렇다고 폐를 끼치지도 않는다. 그는 농사법을 연구하고 제초제를 개발하는 등 최선을 다해서 농사를 짓는다. 결국 다른 사람보다 몇 배 더 많은 수확을 한다. 이 농부는 다음 해 흉년이 들어서 이웃이 어려울 때 낮은 이자만 받고 자기 곡식을 빌려주었다. 이 농부가 선한 사람이다. 선한 사람은 무턱대고 선행을 베풀지는 않지만, 자기 일에 최선을 다하고 거기에서 얻은 이익을 통해 이웃을 배려하는 사람이다. 착함은 인간의 됨됨이로서는 칭찬할 만하지만, 이런 됨됨이가 삶의 태도로 굳어지면 사업가로서 성공할 수 없다는 것이다.

사업하는 사람은 대부분 냉철하고 합리적이라는 선입견이 있다. 의외로 무조건 착하게만 사업하는 사람이 많다는 사실을 알고 적잖이 놀랐다. 손님을 위한답시고 무작정 재료를 듬뿍 넣고 가격을 낮추기보다 시장을 분석하고 손익분기점을 파악해서 적절한 재료와 가격을 정하는 이가 선한 사업가이며 이렇게 선한 사업가가 될 때 사회에 이바지한다. 생각해보면 소비자를 착취하는 악덕 기업주도 나쁘지만 무턱대고 착하게만 장사했다가 망해서 직원들이 일자리를 잃게 하는 기업주도 유능하다고 보긴 어렵다. 내 물건을 도둑질해 갔다고 해서 본인 역시 도둑질로 갚으라는 뜻이 아니다. 그렇다고 도둑을 용서만 해서도 안 된다. 선한 사람은 도둑을 예방하기 위해서 경보 시스템을 강화하고 이웃 간 연락 체계를 조직한다. '착해빠졌다'는 말은 있지만 '선해빠졌다'는 말은 없다.

실력보다는 인성

조너선 스위프트는 『걸리버 여행기』를 통해서 인성을 고려하지 않고 오직 실력만으로 관리를 선발하는 당대 영국을 비판했다. 어차피 공직이란 평균 수준의 교육을 받은 사람이라면 누구나 업무를 수행할 수 있는 자리, 즉 천재가 아니어도 할 수 있는 일이라고 주장했다. 따라서 관리를 채용할 때 인성을 중시해야 한다는 것이다. 실력은 뛰어나지만 인성이 좋지 않은 직원, 실력은 부족하지만 인성이 좋은 직원이 있다면 국내 대기업 임원의 80퍼센트는 후자를 선택한다고 한다. 많은 직장인이 인성보다는 실력을 더 중요시하는 경향이 있다. 실력이 우수한 직원이 퇴사하면 그 직원이 하던 일을 대신할 사람을 찾기 어렵다는 이유다. 그런데 왜 많은 대기업 임원들은 실력보다는 인성을 중요시할까?

　전통적인 산업 사회에서는 사람들끼리 경쟁했다. 기업은 다른 기업보다 앞서기 위해서 더 큰 공장을 지었고 더 많은 자본을 유치하려고 애썼다. 개인은 다른 사람보다 앞서기 위해서 더 오래 공부하고 더 많은 자격증을 취득하려고 노력했다. 그러나 미래 사회는 인간끼리도 경쟁하지만 인공 지능을 비롯한 기계와 경쟁을 해야 한다. 사람은 육체적 정신적 한계가 있는 적수다. 그러나 기계는 사람이 자는 동안에도 끊임없이 일할 수 있다. 사람과 달리 스트레스도 받지 않는다. 한의상은 인간이 기계와 싸워 이기는 방법은 기계에는 없고 오직 사람만 가질 수 있는 자질, 즉 인성이 유일한 경쟁력이라고 말한다. 상대를 배려하고 인간의 본분을 지키며 타인의 성장을 돕는 마음 씀씀이가 중요하다고 믿는다.

리더는 실력을 먼저 보여주어야 한다

한의상이 죽어가는 회사를 맡아달라는 부탁을 받고 가장 먼저 한 일은 점령군으로서 위세를 내세우는 것이 아니었다. 구원군으로 등판한 리더는 일반적으로 직원을 모아놓고 훈계로 업무를 시작하는 경우가 많다. 그 조직이 그동안 해왔던 모든 업무는 잘못되었고 앞으로 내 말을 잘 들어야 잘된다는 엄포로 시작한다. 그 조직의 모든 관행을 철폐하고 자신만의 방식을 따르도록 강요한다. 한의상은 달랐다. 조그마한 사무실에 틀어박혀 일만 했다. 기존 직원들과 불필요한 만남도 일절 삼갔다. 두문불출하면서 회사를 살릴 방법을 찾으려고 노력했고 마침내 성과를 낸 뒤에야 직원들 앞에 섰다. 무슨 말이 필요하겠는가. 직원들은 이미 한의상에게 존경심과 충성심을 품게 되었고 무슨 말이든지 따를 준비가 되어 있었다. 죽어가는 회사를 혼자 살린 리더를 어떻게 따르지 않겠는가. 굳이 목에 힘을 주고 '나를 따르라'라고 외칠 필요가 없다.

가家테크에 힘쓰자

재財테크를 모르는 사람은 드물지만, 한의상이 강조하는 가家테크는 생소한 개념이다. 한의상은 너무 흔한 말이어서 진부하다고 생각되는 가화만사성家和萬事成을 강조한다. 단순히 가족이라고 무조건 서로를 배려하고 사랑하게 되지는 않는다. 어느 조직이나 그렇듯이 가족도 구성원의 노력이 필요하다. 부모가 부모 노릇을 제대로 못 하거나 자식으로서 효도를 다하지 않으면 화목한 가정이 될 수 없다. 나는 중풍으로 쓰러진 어머니를 20년 가까이 간호하고 보살핌으로써 효자까진 아니어도 최소한의 자식 도리를 했다고 생각했다. 한의상이 말하는 효는 부모가 어떤 말이든지 자신 있게 자식에게 할 수 있도록 해드리는 것이다. 이 지점에서 나는 독서를 잠시 멈추어야 했다. 언젠가 대구에서 치료를 마친 어머니를 김천으로 모신 적이 있었다. 나는 빨리 김천에 가서 쉬게 해드려야겠다는 생각으로 휴게소에 들르지 않고 달렸다. 나중에서야 어머니가 멀미에 시달렸다는 것을 알았다. 건강이 온전치 않은 노인이 멀미가 나면 얼마나 고통스럽겠는가. 그런데도 어머니는 나에게 한마디도 하지 않으시고 김천에 도착할 때까지 참았다. 나는 불효자였던 셈이다. 늙은 부모가 자식에게 스스럼없이 어떤 말이라도 할 수 있도록 지극 정성으로 효도를 한 한의상이 존경스럽고 그런 정성으로 기업을 운영했으니 그가 성공할 수밖에 없다는 생각이 든다. 부모는 사랑으로 자식을 키우고 자식은 정성을 다해서 효도하는 집에서 자란 사람은 어떤 조직에 가서도 인재가 될 수 있다.

먼저 인사를 건네라

월마트

미국에 본사를 둔 유통업체다. 창업자 샘 월튼은 1940년 아이오와주에서 잡화점으로 시작해 십수 년간 유통업계에서 일했으나 이렇다 할 성과를 내지 못하다가, 아칸소주 서북부의 작은 도시에서 잡화점을 열었고, 이것이 월마트 역사의 출발점이 되었다. 1969년에는 기업으로 설립되었고, 1972년 뉴욕 증권거래소에 상장되었다. 월마트는 현재 미국 식료품 판매의 19퍼센트를 장악하고 있는 세계적 기업으로 성장했으며, 직원 수만 약 190만 명에 이른다. 월마트 정책 결정이 다른 기업에도 큰 영향을 미칠 정도로 미국 내에서 중요한 업체가 되었다.

WALMART

『샘 월튼 불황없는 소비를 창조하라』, 샘 월튼, 김미옥 옮김, 21세기북스, 2008

월마트가 뭐길래

월마트 창업자 샘 월튼의 자서전이 존재한다는 사실을 알고 전광석화처럼 검색했다. 시가 총액 465조 원짜리 회사를 창업한 사람이 쓴 자서전은 절판된 상태였다. 한때 절판본 수집을 취미로 삼았던 내가 당황할 이유가 없었다. 피식 웃으면서 절판본 구하기 작업(?)을 시작했는데 생각보다 만만찮은 상대였다. 책 사냥꾼은 시간이 무기다. 불행하게도 밀린 원고가 산더미 같은 나에겐 그 무기가 없었고 어쩔 수 없이 절판본을 구하는 가장 쉬운 방법이지만 가장 비싼 대가를 치러야 하는 대형 인터넷 서점 중고 매장에서 『샘 월튼 불황없는 소비를 창조하라』를 주문했다. 2008년에 출간된 이 책은 정가가 15,000원인데 최저가가 무려 4만 4,000원이었다. 상태가 좋은 것은 8만 원에 올라와 있었다. 이기지 못할 싸움은 오래 끄는 것이 아니다. 눈물을 머금고 정가의 세 배를 주고 이 책을 손에 넣었다. 평소 같으면 천천히 발품을 팔아서 좀 더 저렴하게 구하겠지만 시간은 나의 편이 아니었다. 그나마 상태가 보통이면서 가장 저렴하게 올라와 있는 물건을 선택함으로써 출혈을 줄였다는 점을 위안으로 삼아야 했다.

배송을 받고 보니 싼 게 비지떡이라는 옛말이 틀리지 않았다. 전 주인 양반이 이 책을 부교재로 하는 시험을 앞두고 벼락치기를 했는지 책 곳곳에 성의 없는 빨간 볼펜 밑줄이 난사되어 있었다. 공부가 여의치 않았던 모양으로, 가끔 짜증스럽게 휘갈긴 빨간 밑줄이 아예 활자를 덮은 곳도 여러 군데였다. 이런 상태의 경영서를 비싼 가격으로 샀다니 전직 책 사냥꾼으로서 자존심 상하는 일이 아닐 수 없다. 어쩌겠는가. 월마트 창업자의 자서전에는 어떤 영감이 담겨 있는지 호기심 어린 마음으로 읽어나가기 시작했다.

승부욕이 부른 성공적인 사업

나는 지독히도 승부욕이 없다. 실력 우선이 아니고 명랑 골프를 최고로 치는 대회가 있다면 우승할 자신이 있다. 그저 필드에 나가 잔디를 밟고 공을 치는 것이 즐거울 뿐 스코어를 잘 내겠다는 생각이 없다. 당연히 내기 골프도 하지 않는다. 내기에 이기려고 애쓰는 자체가 스트레스다. 오랫동안 즐겼던 테니스도 마찬가지다. 주로 단식 게임을 했는데 도무지 꼭 이기고 싶다는 생각이 들지 않았다. 그저 너무 싱겁지는 않은, 적당한 긴장감을 줄 수 있는 시합 상대로 인식되는 데에 만족했다. 너무 쉬운 상대일 정도로 못하면 단식 파트너가 나와 테니스를 하지 않으려 들 테니까 말이다. 어쩌다가 경기 막판까지 내가 이기고 있으면 집중해서 끝내 승자가 될 생각을 하는 것이 아니고 제발 상대가 실수해주기를 고대하면서 시간을 보내는 편이다.

월마트를 창업한 샘 월튼은 나와 반대 성향의 사람이다. 그도 테니스를 무척 좋아했는데 반드시 이기고 말겠다는 투지와 상대의 전략 전술을 철저하게 연구하는 노력을 아끼지 않는다. 학창 시절 미식축구와 농구를 즐긴 월튼은 신체적 열세에도 불구하고 가장 중요한 포지션을 맡았고, 미식축구에서는 그가 출전하는 경기마다 승리했다. 이 경험은 월튼으로 하여금 언제나 승리를 기대하고 자신 있게 계획을 세워 도전하는 사람으로 만들었다. 월튼은 강력한 경쟁자를 만났을 때 나처럼 그저 상대가 실수하기만을 기대한 수동적인 자세가 아니고 반드시 이길 수 있다는 자신감이 있다. 사업에서의 경쟁 상대를 고등학교 시절 자신에게 패배한 운동 팀으로 바꾸어 생각함으로써 자신이 패배자가 된다는 생각은 하지 않았다. 당연히 이길 권리가 있다고 생각했을 따름이다. 어떤 상대를 만나더라도 결국엔 승리하리라는 '자기실현적 예언'은 의심할 바 없이 스포츠로 단련된 승부욕 덕분이다. 사업가에게 승부욕은 필수 덕목이 아닐 수가 없다.

지도자가 되는 비법

여러 경영서를 읽으면서 느낀 한 가지만 꼽으라면, 비법이 무엇인지는 알겠으나 실천하기가 어렵다는 것이다. 보통 사람으로서는 도저히 따라 하기 힘든 사례도 많았다. 그렇지만 샘 월튼의 이 조언만은 내가 실제로 직장에서 꼭 실천해야겠다는 의지에 불을 지폈다. 월튼이 말하는 지도자가 되는 비결은 단순하다. 길을 가다가 사람을 만나면 상대가 말을 꺼내기 전에 먼저 말을 건네는 것이다. 실제로 월튼은 신문 배달을 할 때 이 처세로 역대급 판매량을 올렸다. 상대가 아는 사람이면 이름을 불렀고 모르는 사람에게도 먼저 대화를 시작했다.

얼마 지나지 않아서 월튼은 주변에서 가장 발이 넓은 사람이 되었다. 사람들이 월튼을 알아보기 시작했고 친구로 생각했다.

학교에서나 지역사회에서 월튼은 많은 직책에 출마했고 당선되었다. 학교와 지역사회에서 단련한 리더십은 그가 월마트라는 거대 기업을 성공적으로 경영하는 밑거름이 되었다. 월튼의 가게가 잘된 요인은 저렴한 상품 가격이 가장 큰 이유이겠지만, 한 블록 밖에 있는 사람에게도 큰 소리로 인사를 건네는 붙임성도 빼놓을 수 없다. 스스럼없이 먼저 인사를 하는 그에게 이웃은 호감을 느꼈고 기꺼이 월튼의 가게에 들러서 물건을 샀다.

많은 사람이 상대에게 먼저 말을 건네는 걸 저자세라 생각한다. 특히 본인보다 나이가 어린 사람에게 먼저 말을 건네기를 꺼린다. 반대로 어린 사람이 먼저 인사하지 않으면 예의가 없다고 여긴다. 친구나 부부 사이에서 냉전을 벌이는 경우도 마찬가지다. 먼저 말을 걸면 다툼에서 항복 선언을 한 것이나 마찬가지라고 생각한다. 어색한 분위기를 깨고 먼저 말을 건네준 사람에게 고마움과 호감을 느낀 경험이 다들 있으면서도 말이다. 상대가 누구라도 먼저 말을 건네는 것은 타인에게 호감을 주는 가장 쉽고도 효과적인 처세가 아닐까. 먼저 인사를 건네는 것이 곧 사람을 끌어들이는 능력으로 이어진다. 이 정도의 노력이라면 나 같은 보통의 직장인도 할 수 있는 일인지라 반가웠다.

밝게 더 밝게

월튼이 인구 3,000명의 시골 동네인 벤토빌에서 상점을 시작하면서 가장 먼저 한 일은 어두운 전구를 밝은 형광등으로 교체한 것이다. 환한 등으로 교체하고 내부 시설물을 새로 들여놓자 허름한 가게는 완전히 달라졌다. 이 상점은 영업을 시작하자마자 엄청난 판매 실적을 올렸다.

매장에 아무리 좋은 상품을 전시하고 인테리어를 훌륭하게 해도 조명이 어두침침하면 그 노력은 아무 쓸모가 없다. 판매 공간은 기본적으로 고객에게 구매 욕구를 자극해야 하는데, 조명이야말로 그 목적에 가장 중요한 요소다. 인간은 오감 중 시각으로만 87퍼센트의 정보를 취득한다. 시각 효과를 높여주는 조명이 중요한 이유는 이 때문이다. 또 한 가지, 조명이 어두우면 상품 재질이나 가게 분위기를 고객이 알아보기 힘들고 판매를 극대화하기 위한 상품 진열이 효과를 보지 못한다.

반대로 조명이 훌륭하면 상품이 원래 가지고 있는 것보다 더 좋은 이미지를 고객에게 전달한다. 조명은 고객이 상품을 구경하고 구매하는 모든 과정에 관여하는 중요한 요소다. 조명은 암흑의 공포로부터 인간을 지켜주는 원래의 기능뿐만 아니라 가게 분위기를 연출하고 전시 효과를 극대화한다. 영업 시간을 마친 심야에도 조명을 환하게 켜두는 매장은 조명이 지닌 이런 극적 기능을 잘 알기 때문이다. 조명의 이런 기능을 제대로 알고 100퍼센트 활용한 월튼의 전략이 어떻게 성공하지 않을 수 있었겠는가.

소도시는 블루오션

피아노 교습소를 운영하는 한 지인은 자금 부족으로 번화가에서 시작하지 못한 것을 아쉬워한다. 신도시가 아니고 구도심에서 교습소를 하는 것이 늘 마음에 걸리는 모양이다. 이처럼 개인 사업자도 사업체를 대도시나 중심가에 두고 싶어 하니 기업들이 대도시에 사업체를 두고 싶어 하는 것은 당연하다. 모두가 대도시를 지향할 때 월마트는 소도시를 거점으로 삼았다. 시대 흐름을 따르지 않은 이 정책이야말로 오늘날 월마트 성공을 이끈 일등 공신이라고 월튼은 자평한다. 경쟁자들이 무시하는 평범한 소도시에 적절한 규모의 할인점을 여는 것이 월마트의 핵심 전략이다. 경쟁자들이 5만 명 이하의 도시나 1만 명 이하의 소도시에는 개점하지 않을 때 월마트는 5,000명 이하의 소도시에 집중했다. 아무도 주목하지 않은 소도시에 진출한 다음 그곳을 완전 잠식하고 그 일대를 월마트 세상으로 만드는 전략을 펼쳤다. 큰 도시를 지향하는 할인점은 시장이 제한적이었지만 월마트가 좋아하는 소도시는 수없이 많았다.

인구 3,000가량의 시골 면 소재지에서 직장 생활을 하는 나는 월마트 전략이 매우 효과적이라는 데 공감한다. 인구가 3,000명에 불과한 시골 면 소재지에 마트가 두 곳 있는데 모두 '먹고사는 데 지장이 없을 정도'의 매출은 올리는 것으로 알려져 있다. 이 정도 규모의 시골 동네에 월마트가 낸 적당한 규모의 할인점이 독점한다면 매우 의미 있는 매출이 생길 수밖에 없다. 경쟁자들이 앞다투며 대도시에 진출할 때 월마트는 대도시 주변에 도넛 모양으로 촘촘히 가게를 냈고 빠르게 미국 전역을 점령해나갔다.

소도시를 중심으로 가게를 내면 광고비가 많이 들지 않는다는 장점도 있다. 주민이 많지 않고 유대 관계로 끈끈히 연결된 소도시는 입소문이 대도시보다 훨씬 빠르다. 입소문만으로 월마트를 쉽게 소비자에게 알렸고 광고라고 해봐야 한 달에 한 번 전단을 뿌리는 것으로 충분했다. 지역 주민들은 월마트에 열광했고 심지어 월마트를 유치하려고 편지까지 보냈지만, 지역 소상공인들에게 월마트는 악몽 그 자체였다. 월마트가 가게를 낸다는 소문만 듣고 미리 자신이 운영하는 가게를 접는 업주도 있을 정도였다. 사업자에게 사회윤리라는 덕목이 중요한 가치라면 월마트의 이런 전략은 칭찬할 수 없다. 다만 월마트가 들어오기도 전에 미리 도망을 치는 소상공인들은 애당초 장사를 하지 말았어야 했다는 게 월튼의 생각이다. 비즈니스에선 오로지 가격 경쟁력을 갖추고 고객에게 최선의 서비스를 제공하는 자가 살아남아야 한다는 것이다.

싸게 더 싸게

월튼은 오직 싸게 사서 싸게 판다는 생각으로 사업을 하는 사람이었다. 가령 소비자 가격이 1달러짜리 상품을 20센트에 구했다면 월트는 30센트에 팔았다. 많은 사업가는 매입 단가가 낮으면 많은 이익을 거둘 기회로 삼았지만 월튼은 매우 싸게 구한 상품을 매우 싸게 팔았다. 비슷한 사례를 전해들은 적이 있다. 한 출판사에서 아르바이트한 경험이 있는 사람이 들려준 이야기다. 퇴근 무렵 한 독자에게 전화가 왔는데 그 출판사가 낸 책을 구하고 싶다는 사연이었다. 절판 상태라 직접 출판사에 연락했다고 한다. 마침 출판사 창고에는 그 책이 두어 권 남아 있었고 전화를 받은 직원은 절판돼서 구하기 힘든 책이니 정가보다 더 비싸게 팔아야 하겠다고 생각해 사장에게 넌지시 말했다. 사장은 버럭 화를 내면서 정가에 그 책을 팔도록 지시했다. 월튼도 그 출판사처럼 자신에게 유리한 특수 상황을 이용해서 더 많은 돈을 벌려고 시도한 사람은 아니다. 그는 더 싼 물건을 찾아 구매 여행을 할 때 한 방에 여러 명이 잠을 잘 정도로 비용을 절약했고 고객을 대신해 물건을 산다는 생각으로 매입 가격을 낮추고 또 낮추었다. 최선을 다해 저렴하게 파는 월마트의 성공은 어쩌면 당연한 결과다. 비용을 최대한 줄여서 고객에게 그 혜택을 주겠다는 월튼은 고객에게는 천사였고 거래처나 직원들에게는 그리 호감을 주는 유형은 아니었으리라 생각된다.

월마트가 기업 공개를 하고 엄청난 자금을 조달했을 때도 직원들에게 혜택을 전혀 주지 못한 것이 유감이라고 스스로 밝혔듯이 월마트는 많은 급여를 주는 곳은 아니었다. 더구나 노조 설립도 허락하지 않는다. 1970년대 이후로 많이 좋아졌지만 1955년 정도만 해도 월마트 여점원들은 '새 모이에 불과한' 급여를 받았다. 월튼 자신도 이익을 추구하는 데 몰두해서 사원의 요구를 무시했다고 인정했다. 그는 비용을 끊임없이 낮추기를 원했고 종업원의 급여는 가장 중요한 비용이었다. 월튼은 꽤 오랫동안 급여와 보너스를 통해서 사원과 이익을 많이 나눌수록 월마트가 거두는 이익이 커진다는 것을 인식하지 못했다. 회사가 직원과 이익을 나누면 직원들은 고객들에게 더 신경을 쓴다는 사실을 일찍부터 깨닫지 못했다. 물론 당시에는 잡화점이라는 업종의 급여 자체가 매우 낮았고 월마트가 한참 성장에 몰두

했던 시기라서 어쩔 수 없는 선택이었다고 월튼은 항변한다.

개인적으로는 내 자식이 월마트에 지원한다고 하면 반대할 것 같다. 월튼은 예나 지금이나 노동조합이 필요하다고 생각하지 않는다. 월튼도 노동자의 소리를 대변할 조직이 필요하다는 점은 인정하지만 노동조합은 노사 갈등을 유발하는 단체라고 생각한다. 겉으로는 노동자의 이익을 위해서라지만 결국 자신들의 이익을 추구하고 회사의 발전을 어렵게 만든다는 것이다. 그렇다고 월마트가 다른 어떤 경쟁 업체보다 더 많은 급여를 주는 것도 아니다. 어느 정도의 경쟁력을 갖춘 급여를 지급할 뿐이다. 다행히 월마트의 경영진은 직원들의 목소리를 언제라도 들었고 1970년대 이후로는 사원들에게 이익 분배를 하는 조치를 추진하기 시작했다.

과도한 지출 금지

1985년 10월 미국의 경제 잡지 〈포브스〉는 샘 월튼을 미국에서 가장 재산이 많은 사람으로 선정했다. 그러나 월튼은 여전히 픽업트럭에 개집을 싣고 다니며 변두리 이발소에서 머리를 다듬는다. 1달러를 소중하게 여기는 그의 경제관념은 미국 대공황 때 어린 시절을 보낸 경험에서 형성되었다고 한다. 월튼은 확실히 가진 재산에 비해서 지나치게 검소하다. 그렇다고 월튼이 무조건 돈을 쓰지 않는 사람은 아니다. 구두쇠라는 세간의 비판에 월튼은 머리를 이발소에서 다듬지 어디서 다듬냐고 항변한다. 또 개를 픽업트럭에 싣고 다니지 그럼 롤스로이스에 태워야 하냐며 반박한다. 내가 생각하기에 월튼은 대체로 돈을 무척 아끼지만 쓸 때는 쓰는 사람이다. 가령 이런 경우를 생각해보자. 평소에 문서 작성, 웹 서핑, 동영상 시청을 주로 하는 사람이 최고급 사양의 노트북을 구매해야 할까? 물론 자신의 경제 상황에 따라서 얼마든지 할 수 있는 선택이지만 저가형 모델로도 충분히 가능한 작업이다. 월튼이라면 저가형 모델을 샀을 테지만 만약 고사양 컴퓨터만이 할 수 있는 작업이 업무상 필요하다고 판단되면 1,000만 원짜리 노트북도 구매할 사람이다. 절약할 때는 최대한 절약하고 업무상 필요하면 비행기마저 여러 대 구매하는 것이 월튼의 경제관념이다. 돈을 아예 쓰지 말자는 것이 아니고 불필요한 낭비는 줄이며 사업을 성장시키고 업무를 효율적으로 만들어준다면 투자를 아끼지 않아야 한다는 것이 그가 말하는 경제관념의 핵심이다.

샘 월튼의 자식 교육법

경영자의 자식 교육도 경영의 일부라고 생각한다. 심심찮게 터지는 재벌가 자식들의 비행과 후계자 결정을 두고 벌어지는 암투를 보고 있노라면 더욱 그렇다. 직접 사업과 관련이 없더라도 재벌 가족의 비리는 회사의 이미지를 추락시키고 매출과 주가에 직접 타격을 주는 것이 현대 추세라는 것을 고려하면 가정의 화목과 자식 교육을 경영과 따로 생각할 수 없다.

월튼가 자식들은 언제나 상점에서 일해야 했다. 학교에서 돌아오면 바닥을 닦고 상자를 날랐다. 물론 용돈을 받기는 했지만, 친구들이 받는 용돈보다 적었다. 월튼은 자식들이 노동의 가치를 알기를 원했다.

월튼이 자식들에게 일만 시킨 것은 아니었다. 월튼은 주 6일 일하면서도 틈나는 대로 아이들과 여행을 하고 캠핑을 했다. 최소한 한 해에 한 달은 가족 여행을 다녔는데 월튼의 자식들은 그 여행을 '굉장하고 멋진' 것으로 기억한다. 월튼은 자식들을 늘 일에 끌어들였지만, 결코 자식 누구에게도 지나친 압력을 가하지 않았다. 또 자식들의 경영 참여를 환영하면서도 그러려면 자신처럼 열심히 일해야 한다는 점을 충분히 암시했다.

교사로서 월튼의 자식 교육에 매우 공감한다. 학교에 적응하지 못하고 방황하는 학생의 상당수가 부모의 강압적인 교육 방식과 자신이 원치 않는 진로 강요 때문에 자포자기한 결과 비행 청소년이 되는 것을 많이 봐왔다. 부모와 아름다운 추억을 많이 보낸 자식은 결코 잘못될 리가 없으며, 강압적이지 않은 분위기에서 자유롭게 진로를 선택해 실패할 확률도 낮지 않겠는가.

설득할 때엔
시계를 봐라

나이키

현재 운동화, 의류, 모자 등 다양한 스포츠 용품을 판매하며, 전세계 스포츠 용품 시장에서 독보적인 1위를 차지하는 기업이다. 미국 운동선수 출신 필 나이트와 코치 빌 바우어만이 의기투합해 1964년 블루 리본 스포츠를 설립했고, 아식스의 신발을 떼어다 팔던 그들은 1971년 자사의 생산 라인을 구축하면서 나이키로 이름을 바꾼다. 이때 나이키의 로고 스우시swoosh가 탄생했다. 로고의 사전적 뜻은 "'휙' 하는 소리를 내며 움직이다"이다. 이후 나이키는 업계 선두 주자 아디다스를 추월했다. 1976년 브랜드 광고를 해 순식간에 성장하여 1980년 기업 공개를 단행하고, 뉴욕 증권거래소에 상장함과 동시에 미국 운동화 시장의 절반을 차지하게 된다. 나이키이의 매출은 마이클 조던과의 협업으로 제작한 에어 조던 시리즈의 성공으로 급상승하고, 이후 각 분야 스타들과 계약을 맺는 마케팅 방법을 고수한다. 운동선수와 코치로서 필드에서 쌓은 경험이 우수한 운동화를 지속적으로 연구하게 했고 오늘의 나이키를 만들었다.

NIKE

『슈독』, 필 나이트, 안세민 옮김, 사회평론, 2016

설득하기에 좋은 시간

1962년 미국 오리건주 포틀랜드의 한적한 교외에 사는 젊은이가 아버지에게 큰 부탁을 하려는 참이었다. 식사를 마치고 느긋하게 좋아하는 드라마를 보고 있는 아버지 옆에서 마음속으로 수십 번도 아버지에게 할 말을 연습했다. 그는 남을 설득하는 재주가 없었다. 백과사전을 파는 아르바이트를 하다가 그 일에 소질이 없다는 것을 깨닫고 그만둔 전력이 있을 정도다.

그 젊은이가 초조하게 눈치를 보면서 아버지에게 할 부탁은 장차 하게 될 사업과 관련된 세계 여행에 들어갈 비용이었다. 자신이 하게 될 사업의 성지인 일본을 비롯한 여러 나라를 여행하고 싶었는데 경비가 부족한 그는 아버지에게 손을 벌려야 했다. 지금의 젊은이들에게는 배낭여행의 시조로 추앙받을 수 있겠지만 그가 비행기를 타려는 1962년은 미국인의 90퍼센트가 비행기를 타본 적이 없는 시대였다. 비행기를 탈 때는 반드시 신발을 벗어야 한다거나, 기내식을 먹을 때는 승무원에게 여권을 보여주어야 한다는 속임수가 통하고도 남을 시절이다.

이 젊은이가 아주 생각이 없는 청년은 아니어서 기특하게도 스탠퍼드 대학교를 졸업하고 대학원에서 경영학을 전공했는데 대학 시절부터 꿈꾸어온 자신의 사업 구상, 즉 '미친 생각'을 실현하기 위해서 성지를 답사한다는 것이 여행의 이유였다. 〈오리건 저널〉의 발행인인 그의 부친이 자식의 부탁을 들어줄 가능성은 적었다.

우선 부친의 직장 선임자가 비행기 사고로 죽었다. 1962년은 인류가 인공위성을 타고 지구를 한 바퀴 비행한 해이기도 하지만, 평범한 미국인이라면 자기 집에서 160킬로미터 이상 떨어진 곳으로 여행한다는 것은 꿈도 꾸지 않을 때이기도 하다. 보수적인 그의 부친에게 세계 여행은 사회와 시대를 부정하는 반항아나 하는 짓이었다. 게다 이 야심만만한 여행자의 주요 목적지인 일본은 불과 얼마 전에 미국과 서로를 죽이겠다고 전쟁을 치른 나라였다.

이 철없는 여행가가 아버지에게 드디어 여행 경비를 보태달라고 말했을 때 그의 부친의 대답은 "너 미쳤니"가 아니었고 "좋아, 하고 싶은 대로 해"였다. 설득에 관한 결정적 시간을 잘 골랐기 때문에 여행자이자 미래 사업가는 아버지를 설득할 수 있었다. 이 젊은이는 다른 사람을 설득할 때 가장 중요한 조건이 무엇인지 알고 있었다. 그건 바로 '좋은 시간'이다.

아버지가 저녁 식사를 마치고 편안하게 안락의자에 기대어 텔레비전을 보고 있을 때 이 여행자이자 미래 기업가는 "아버지, 제가 스탠퍼드 대학교에 다닐 때 '미친 생각'을 했다는 거 아세요?"라는 말로 자신의 여행 계획을 설명했다. 배울 만큼 배운 아들이 어제의 적국이었던 일본 기업과 제휴를 해서 '신발 장사'를 하겠다는 '미친 생각'을 말한 것이다.

아버지의 허락 덕분에 계획을 실행에 옮긴 그 젊은이는 1971년 동업자인 존슨이 꿈에서 본 그리스 여신 니케에서 영감을 얻어서 새로 개발한 축구화에 'The Nike'라는 이름을 붙인다. 나이키라는 성공의 신화는 1962년 창업자 필 나이트가 아버지를 설득하기 좋은 시간에 자신의 과감한 생각을 말한 것에서 시작되었다.

설득의 시작은 다른 사람의 기분을 이해하는 것이고 사람의 기분은 90분마다 달라진다고 한다. 필 나이트는 함께 지내온 오랜 시간 덕분에 아버지가 가장 편안해하는 시간과 좋아하는 드라마와 주인공까지 알고 있었다. 원래 남을 설득하는 재주가 없던 내성적인 필 나이트가 아버지를 설득하는 데 성공한 원인은 바로 '시간'이었다.

나치당은 1932년 7월 31일에 실시된 독일 의회 선거에서 37.3퍼센트의 지지율과 230석을 차지해서 제1당이 되었다. 600만 명의 유대인을 학살한 제2차 세계대전의 주범이 무력이나 쿠데타가 아닌 공명정대한 선거로 집권했다. 당시 히틀러의 연설장은 사이비 교주의 집회 장면을 연상시킬 만큼 수백만 관중이 열광의 도가니에 빠졌다. 히틀러는 대중을 선동하기 위해서는 연설의 내용과 몸짓만큼이나 다른 중요한 요소가 있다고 믿었다.

히틀러가 활용한 언어 외적인 요소는 연설하는 시간이었다. '해 질 무렵의 저녁 시간'은 선동의 대가인 히틀러도 인정한 설득하기에 좋은 시간이다. 히틀러는 사람들의 비판적인 사고가 열심히 작동하는 아침 시간보다는 판단력과 비판력이 무디어지는 저녁 시간에 주로 연설해서 대성공을 거두었다.

온종일 노동에 지친 히틀러의 군중은 한 시간 정도로 이어지는 청소년과 군인 들의 긴 행군을 구경하다가 긴장이 풀리고 몽롱한 상태에서 횃불, 서치라이트, 웅장한 음악과 함께 등장하는 히틀러에게 열광했다. 저녁 시간 때 이루어진 히틀러의 연설은 언제나 대성공이었고 같은 내용, 같은 주제라고 할지라도 오전 10시에 했던 연설의 결과는 대실패였다.

아침은 이성의 시간이고 저녁은 감성의 시간이다. 본인이 저녁이나 밤에 쓴 연애편지를 아침에 읽어보면 찢어버리고 싶은 것이 인지상정이다. 헤어진 전 애인에게 무작정 수십 통의 전화를 거는 것도 밤이다. 누군가를 설득하고자 한다면 감성이 지배하는 서녁 시간에 하는 편이 당연히 좋다. 나이키의 창업자 필 나이트가 말솜씨가 없으면서도 보수적인 아버지를 '미친 생각'에 동의하도록 만든 이유가 확연해진다.

교사로 일할 때에도 다른 사람을 설득하고자 한다면 내용보다는 타이밍이 더 중요하다는 사실을 자주 절감한다. 수업 시작을 알리는 종이 일단 치면 임전무퇴의 각오로 무슨 일이 있어도 교실을 떠난다고 생각하지 못했던 나의 학창 시절과는 달리 요즘 학생들은 교실을 나가겠다는 용무로 자주 손을 든다. 학생들을 대하다 보면 다른 사람에게 부탁하는 타이밍을 아는 것도 중요한 경쟁력이자 스펙이 될 수 있다는 것을 알게 된다. '선생님, 저 화장실 좀 다녀와도 될까요' 같은 말을 하는 타이밍이 학생마다 다르다. 수업이 시작되고 교사인 내가 교실에 들어가려는 순간에 저 말을 하는 것은 놀랍게도 최악의 경우가 아니다. 교사가 수업하다 보면 중요한 부분에서 마치 오페라 가수처럼 고음을 발사하는 순간이 있기 마련인데 딱 그 순간에 손을 들고 미소를 지은 채 화장실에 다녀오겠다고 말하는 학생도 있다. 어쩌면 저토록 공손한 말로 이토록 화가 나게 할 수 있는지 신기해진다.

직장 생활에서도 결재나 부탁을 하기에 좋은 타이밍이 있다. 몇 단계를 거치는 인터넷 결재는 결재권자가 본인이 올린 기안문을 최종 결재권자가 언제 읽을지 알기 어렵지만, 종이 서류를 들고 대면 보고를 할 때는 기안문의 내용 못지않게 결재권자의 심중을 헤아리는 일도 중요하다. 내가 직장 생활 초년병 시절, 기안문만 들고 가면 백발백중으로 승인 결재를 받고 오는 상사가 있었다. 그 상사는 물론 깔끔하게 일 처리를 잘한다는 평판을 받기도 했지만 내가 곁에서 지켜본 그는 상사의 심중을 언제나 정확하게 알고 있었다.

문서 작성을 진즉 끝낸 뒤에도 즉시 결재안을 들고 상사의 문을 두드리지 않았다. 아침에 출근하는 상사의 인상 확인부터 매일 직장에서 일어나는 일과 상사의 기분과의 인과관계를 분석한 다음 100퍼센트 결재를 받을 수 있다고 확신한 순간에 자리에서 일어섰다. 결재를 받을 수 있는 타이밍을 골라서 상사 사무실 문을 두드린 것이다. 물론 상사가 치통 때문에 인상을 쓰면서 출근했는데 다른 사유가 있는 줄로 알고 그날 받아야 할 결재를 끝내지 못한 정도의 실패 사례가 있긴 했지만, 그는 일찍 승진해서 직장 생활의 반을 관리자로 지내다가 퇴직했다.

고객 우선주의

2015년 재산이 27조 원을 넘긴 나이키의 창업자 필 나이트 가 턱수염을 기르기 시작한 때는 60이 되어서였다. 필 나이트를 인터넷에서 검색하면 그가 공들여 관리한 턱수염을 볼 수 있다. 턱수염 애호가라는 사실을 짐작하게 된다. 왜 환갑이 되어서야 턱수염을 기르기 시작했을까? 그가 사업에 몰두하느라 늘그막 에 수염 애호가 본능을 발견한 것이 아니고 '갑' 님에게 잘 보이 기 위해서였다. 필 나이트 사업 인생의 8할은 현금 부족과 파산 위험이 차지했다. 언제나 은행에 가서 굽신거리며 돈을 빌려야 했던 그는 은행원에게 '부랑아처럼 보이지 않기 위해서' 늘 말 끔하게 면도했다. 자신의 부하 직원들이 운동화를 신고 청바지 에 브이 자로 파인 스웨터 차림을 하고, 긴 턱수염, 심지어는 콧 수염도 덥수룩하게 기른 채 근무하는데도 말이다.

필 나이트는 늘 고객이나 자신이 상대해야 할 파트너의 기호 를 우선했다. 사무실을 정할 때도 자신이 잘 보여야 할 은행의 기호를 고려했다. 카펫이 깔린 복도, 냉장고가 갖춰진 휴게실,

양복을 차려입은 직원들이 가득한 보험 회사 옆으로 사무실을 정할 때 필 나이트는 고심을 거듭했다. 수리할 돈이 없어서 깨진 창문을 방치한 예전 사무실을 고려하면 큰 발전을 이룬 증거이기는 하지만 대기업 분위기를 주는 보험 회사 옆 사무실은 나이키의 자유분방한 기업 정신을 훼손할 우려가 있었기 때문이다.

고심 끝에 필 나이트는 보험 회사 옆 사무실로 이전했다. 이유는? 은행원이 찾아왔을 때 좀 더 신뢰감을 주리라 기대했기 때문이다. 싸구려 술집 옆에 있는 좀 더 좋은 조건을 갖춘 사무실보다는 대출 여부를 쥐고 있는 은행에 신뢰감을 주는 보험 회사 옆자리를 선택했다.

입던 옷을 아무 데나 벗어놓고, 먹던 음식을 그대로 식탁에 두고 자리에 일어서는 등 자신의 주변 관리에 서툴렀던 나이키의 창업주는 고객이나 투자자를 상대할 때는 다른 사람이 되었다. 자신이 창업한 회사가 처음으로 적자를 기록했다는 소식을 전해야 하는 자리에서 그는 일부러 짙은 색 양복을 차려입었다. 나쁜 소식을 전해야 하는 자리이니만큼 짙은 색 옷으로 투자자들에게 자신감을 전해주고 싶었다. 사업가로서 가장 나쁜 상황에서도 자신보다는 상대의 기분을 먼저 고려한 것이다. 고객의 기호를 먼저 파악하고 고려하는 정신이 오늘날 나이키를 만들었다고 해도 틀리지 않다.

나이키의 공동 창업자 바우어만은 육상 코치로 활동했다. 바우어만은 선수들이 조금이라도 덜 피로감을 느끼고 최고 기록을 낼 수 있도록 신발을 연구하고 또 연구했다. 자신이 직접 신발을 만들고 그 신발을 신고 경기에 출전한 선수들에게 평가를 받았다. 육상 선수들에게 그들이 필요한 신발에 대한 의견을 수없이 청취한 바우어만은 마침내 아내가 사용하던 와플 기계에 액체로 된 고무를 부어 가볍고 추진력이 강한 신발 밑창을 개발했다. 바우어만이 선수들의 의견을 청취하고 오랜 연구 끝에 탄생시킨 '밑창에 다각형 모양의 납작한 면을 여러 곳에 만들어 접지력을 만들고 끌어당기는 힘을 증가시킨' 이른바 나이키의 와플 슈즈는 역사상 가장 많이 팔린 운동화 중 하나가 되었다.

　한때 나이키가 제3세계에서 아동의 노동력을 착취한다는 기사와 비판이 쏟아졌다. 필 나이트는 이러한 비판에 '모범 공장을 만들 테니 지켜봐달라'고 맹세했고 나이키는 공장 작업장에 유독 가스를 배출하지 않는 수성 접착제를 발명해서 자사의 공장뿐만 아니라 경쟁사에도 공짜로 제공했다. 또 제3세계 국가의 가난한 소녀들에게 교육 기회와 쉼터를 제공하며, 심지어는 조혼을 멈추기 위한 운동을 펼치는 '걸 이펙트 Girl Effect'를 세웠다. 필 나이트는 '노동력 착취 기업'이라는 비판을 받기 전부터 작업 환경을 꾸준히 개선해오고 있었다. 여기에서 중요한 점은 비판과 비방을 기회로 삼았다는 것이다. 나이키에 대한 과도한 비판을 억울해하거나 해명하기보다는 더 친환경적이고 사회공헌적인 회사를 만들기 위해 노력했다. '노동력 착취 공장'이라는 비판을 기회 삼아 나이키를 '공장 개혁을 주도하는 회사'로 변모시킨 것은 고객과 사회의 요구를 귀담아듣는 고객 우선주의가 맺은 열매다.

실력 우선주의

1977년 필 나이트는 화가 잔뜩 났다. 동아시아에 있는 한국이라는 나라의 신발 공장이 나이키의 로고를 포함해서 완벽하게 복제한 가짜를 팔다가 적발되었기 때문이다. 화가 난 한편으로는 본사의 그 어떠한 지시나 도움을 받지 않고 나이키 운동화를 똑같이 만들어낸 도둑들의 솜씨에 감탄했다. 당장 편지를 보내 가짜 나이키 생산을 중단하지 않으면 100년 동안 감옥에서 썩을 각오를 하라고 경고했지만, 나이키와 함께 일할 생각이 없느냐는 제의도 덧붙였다. 나이키의 자비로운 제안을 한국의 모조품 공장은 받아들였고 기꺼이 나이키의 정식 하도급 업체가 되었다.

미이클 조던을 나이키의 광고 모델에 영입해 불후의 명작 '에어 조던' 모델을 개발하는 데 큰 공을 세운 스트라세는 필 나이트와 자주 충돌한 끝에 결국 떠났다. 스트라세는 그냥 얌전히 회사를 그만둔 것이 아니고 필 나이트가 그토록 추월하고 싶었던 경쟁자 아디다스로 가버렸다. 필 나이트 입장에서는 배신도 그런 배신도 없었다. 필 나이트의 울분은 영구적이지는 않았다. 스트라세가 심장마비로 세상을 떠난 후 그의 딸 에이버리를 나이키의 정식 사원으로 받아들였기 때문이다. 에이버리는 평판이 매우 좋은 사원이 되었고 필 나이트는 그녀를 보며 행복해했다.

솜씨 좋은 모조품 회사를 제휴 파트너로 삼고, 배신한 동업자의 딸을 사원으로 품은 것은 필 나이트가 무엇보다 실력을 최우선 가치로 삼은 경영인이었기 때문이다. 장래가 유망한 육상선수였지만 사고로 하반신이 마비된 보브 우델을 받아들여서 초창기 나이키 발전에 큰 공을 세우게 한 것도 필 나이트의 실력 우선주의에 기인한다.

책으로서의 『슈독』

『슈독』은 경영자가 쓴 자서전이라는 설명이 무색할 정도로 유머가 넘치고 흥미진진하다. 500쪽이 넘는 두툼한 두께이지만 한 쪽도 그냥 넘길 수 없는 흡입력을 자랑한다. 자서전이 아닌 소설이라고 해도 군소리를 하지 못할 정도다. 필 나이트가 일본으로 향하는 비행기 안에서 샐린저의 『호밀밭의 파수꾼』과 윌리엄 버로스의 『네이키드 런치』를 몇 번이나 읽고 고대의 인도 철학서인 『우파니샤드』를 인용하는 것을 보면 대단한 독서가이리라 짐작된다. 그의 글 솜씨와 경영인으로서의 능력이 독서 덕분인지는 확신할 수 없으나, 실력 있는 많은 경영인이 탐독하고 글쓰기에 재능을 보였다는 점은 되새겨볼 만하다.

마음을 담아라

보틀북스

1992년생 청년이 경남 진주시 문산읍에 창립한 독립서점이다. 작가들이 자신만의 느낌을 살려 출판사 교정 과정 없이 출판한 책과 여러 음료를 판매하고 있으며, 다양한 문화 커뮤니티 클래스를 운영하고 있다. 한 달에 한 권 독서 모임 프로젝트, 북 바인딩 클래스, 필사 모임, 책과 향이 있는 공방 클래스 등의 행사가 대표적이다. 도서 기증하는 일도 대신하면서 책과 사람을 연결하는 징검다리 역할을 하고 있다. 책과 음료 그리고 문화가 공존하는 공간으로 만드는 것이 보틀북스의 지향점이다. 공기업에 다니며 안정적인 직장 생활을 하던 청년의 모험 그 자체인 독립서점인 만큼 사람 이야기가 많다는 점이 특징이다.

BOTTLE BOOKS

「엄마는 카페에 때수건을 팔라고 하셨어」, 애매한 인간(채도운), 지베르니, 2021

우리가 도와줄 건 없니?

이 책을 읽기 시작한 것은 저자가 '카페' 주인이기 때문이다. 현재 대한민국의 모든 재직자나 퇴직자의 장래 희망이 카페 창업이라고 해도 아주 틀린 말은 아니다. 어떤 사람이 어떤 분야의 업소를 열고 싶어 하느냐의 차이일 뿐 큰 틀에서 보자면 모두 카페를 하고 싶어 한다고도 할 수 있다. 그렇다고 해도 1992년생 공기업 4년 차 직원이 특별한 계획도 없이 사표를 내고 카페를 차리는 것은 너무하지 않나. 이런 자식을 둔 부모의 마음이 궁금했다. 다행히 궁금증은 금방 해결되었다. 모든 것을 다 저질러놓고 카페 창업을 선언한 딸자식에게 던진 아버지의 첫마디는 "우리가 도와줄 건 없니?"였다.

부모는 모름지기 자녀를 믿고 자녀가 원하는 대로 해주며 뒤에서 묵묵히 응원만 해주는 것이 가장 좋다고 기회가 생길 때마다 조언하지만 막상 내 딸이 '스펙을 쌓고 싶어서' 휴학을 하겠다고 하길래 덜컥 반대부터 했더랬다. 딸아이는 결국 제 부모의 응원과 동의 없이 외롭게 휴학 결정을 했다. 『엄마는 카페에 때수건을 팔라고 하셨어』의 저자 채도운이 아마 우리 집 딸이었으면 저토록 따뜻하고 믿음직한 응원과 격려를 받지 못했을 터였다. 여러 창업자의 책을 읽으면서 가끔 창업자 본인뿐만 아니라 부모의 역할도 중요하다고 생각될 때가 있는데 채도운의 부모는 확실히 자식을 크게 키우는 그릇임에 틀림없다. 물론 이 사람의 부모라고 해서 안정된 직장을 때려치우고 카페를 하겠다는데 억장이 무너지지 않았겠는가. 자식이 가자는 길이니 어쩔 수 없이 동의한 것이지만 "우리가 도와줄 건 없니?"라는 이 한마디는 자식에게 가장 절실하고 천금 같은 말이다.

치킨집보다 경쟁이 치열하고 상권 분석이 필요한가 싶을 정도로 골목마다 경쟁자가 촘촘히 들어선 카페를 어떻게 운영하고 지금까지 살아남았는지 궁금했다. 이토록 설레면서 책장을 넘기는 것은 정말 오랜만이었다.

고객은 자신을 알아주는 주인에게 충성한다

채도운이 진주에서 운영하는(사실은 버티고 있는) 카페 겸 서점 '보틀북스'를 찾았던 손님들이 수줍게 튤립을 선물하고 도망쳤다는 이야기가 있길래 용모가 대단히 수려한가 짐작했다. 그런데 동네 아주머니가 '손이 커서'라는 핑계로 약밥을 가져왔고, 또 다른 손님은 블루베리, 책, 핸드크림을 선물하는 것이었다. 애써 용기를 내서 '왜 나한테 뭘 자꾸 주느냐?'고 묻자 손님들은 한결같이 '마음을 담아서 주는 커피가 고마워서'라고 대답했다. 커피에다 어떻게 마음을 담는단 말인가? 해답은 금방 풀렸다. 채도운은 손님의 취향을 기억했다가 말을 따로 하지 않아도 샷 추가, 얼음 추가, 얼음 적게, 물 많게 커피를 서빙했다.

요즘처럼 각박한 세상에선 사람들은 작은 정성과 배려에 감동한다. 누군가가 내 취향을 기억해주는 것은 생각보다 큰 감동을 준다. 추운 날씨인지 시원한 날씨인지 구분이 애매한 날 중학교 교실에 수업하러 갔다. 내가 문을 열고 들어가자 한 학생이 '앗, 영어 선생님은 온풍기를 켜드려야 해'라고 말하면서 냉큼 온풍기 스위치를 올렸다. 그 학생은 내가 추위에 약하다는 것을 기억하고 있었다. 그 순간만큼은 교사로서 행복하고 또 행복했다. 보틀북스에 오는 손님들도 그날 내가 느낀 행복감을 커피를 마실 때마다 누렸을 것이다. 나에게 작은 친절을 베푼 학생을 내가 언제까지나 기억하듯이 그 손님들도 그럴 것이다.

카페에서 통화를 마친 다음 고개를 푹 숙이고 한숨을 쉬는 손님에게 커피와 함께 달콤한 쿠키를 다소곳이 선물하는 장면을 보고 나도 생각나는 일이 있다. 얼마 전 오랜만에 세 식구가 삼겹살을 먹으러 갔다. 고기를 먹고 나서 더부룩한 속을 달래기 위해 된장찌개 한 그릇과 공깃밥 두 그릇을 주문했다. 우리 식구들이 워낙 뭘 많이 먹지 못한다. 그런데 말투가 차분하고 친절한 젊은 주인이 된장찌개 두 그릇을 가지고 왔다. 내가 두 그릇을 시켰나 싶어서 물어봤더니 한 그릇을 시킨 것이 맞는단다. 그러면서 이렇게 말했다. "그래도 두 그릇은 드셔야 할 것 같아서요." 반찬 한 가지 더 얹어주는 것도 아니고 부탁도 하지 않은 된장찌개를 서비스로 주는 그 고깃집은 영원한 내 단골집이다. 손님들은 주인의 작은 친절에 감동한다.

교통사고를 대하는 자영업자와 회사원의 태도

직장인이라면 누구나 가끔은 사소한 병으로 한 달쯤 입원했으면 좋겠다고 생각하기 마련이다. 건널목을 건너다가 차에 치여 가볍게 다쳐서 한 달쯤 입원하는 소박한 꿈을 꾼다. 그런데 눈치를 봐야 하는 팀장도 부장도 없는 자영업자는 어떨까? 카페로 출근을 하다가 교통사고를 당했다. 머리를 앞 유리에 부딪혔고 차도 부서져서 견인차를 부르려 했다. 그런 상황에서 카페 사장이 한 생각은 '빨리 가게에 가서 문을 열어야겠다'였다. 개점과 마감 시간은 고객과의 약속이니까 꼭 지켜야 한다는 것은 알겠다. 맛집이라고 한 시간 걸려서 갔는데 느닷없이 휴무라면 누구나 황당하고 화가 날 테니까. 그런데 거의 정신을 잃고 자기 손으로 차 문도 열지 못한 상태에서도 가게 문을 열겠다 생각하고 실제로 출근해서 손님을 맞았다는 이야기를 읽고 있자니 새삼 창업은 아무나 하는 것이 아니라는 생각을 하게 된다. 자영업자는 팀장 부장보다 더 무서운 생존의 압박에 시달리는 존재다. 창업은 베짱이도 일개미로 만드는 재주가 있다.

SNS 홍보, 지나친 기대는 금물

책을 내는 저자인 나도 새 책이 나오면 SNS로 열심히 홍보한다. 출판사에서도 SNS 팔로워가 많은 저자를 선호한다고 들었다. 매번 느끼지만 SNS 홍보는 빛 좋은 개살구가 될 가능성이 크다. '좋아요' 수나 댓글 상황을 보면 당장에라도 베스트셀러에 등극할 기세이지만 실상은 그렇지 않다. 워낙 SNS 홍보가 흔하고 파워블로거가 많다 보니 이제 소비자들은 쉽게 넘어오지 않는다. SNS 홍보에 돈을 투자하기로 한 채도운은 인터넷에 워낙 익숙한 세대이니 누가 봐도 감성적이고 예쁜 카페 사진을 많이 올렸을 것이다. 그리고 '좋아요'와 댓글도 많았다. 그런데 왜 광고를 보고 찾아오는 고객의 수는 기대에 못 미칠까. '좋아요'를 누르고 댓글을 다는 것은 돈이 들지 않지만 커피를 마시자면 돈이 들기 때문이다. 이제 고객들은 이해 당사자의 홍보를 신뢰하지 않는다. 아무리 예쁜 카페 사진을 올리고 기발한 해시태그를 주렁주렁 단다고 해도 고객의 눈으로 보면 물건을 팔아먹겠다는 수작에 불과하다.

파워블로거도 사정은 다르지 않다. 그들이 올리는 후기는 광고라고 의심한다. 고객들은 사심 없고 이해 당사자가 아닌 다른 고객들이 올린 후기를 신뢰한다. 요즘 소비자들은 광고와 솔직한 후기를 구분할 줄 아는 능력을 다들 갖추고 있다. 손으로 때우는 편한 광고보다는 차라리 자기가 파는 상품을 좀 더 잘 만들겠다고 생각하는 편이 낫다.

모든 고객을 만족시킬 수는 없다

나는 점심을 직장의 급식소에서 먹는다. 입이 짧은 편이라 남기는 반찬이 많다. 그럴 때면 퇴식구로 향하는 길이 유난히 험

난하게 느껴져 무섭다. 내 식판을 뚫어져라 바라보는 영양사와 조리사 선생님들의 시선이 온몸으로 느껴지기 때문이다. 정성껏 마련했는데 맛있게 먹지 않으면 속상한 것은 요리하는 사람 처지에서는 지극히 당연하다. 매사에 꼼꼼하고 최선을 다하는 보틀북스의 조리사이자 바리스타이자 대표인 채도운도 손님이 음식을 맛있게 먹지 않으면 오랫동안 반성하고 무엇이 문제인지 연구하는 유형이다. 연구 끝에 채도운도 깨달았다. 아무리 맛있는 음식이라도 모든 사람을 만족시킬 수는 없다. 맛있다는 개념 자체가 지극히 주관적인 취향 아닌가. 요리에 최선을 다하고 자신 있다면 일부 손님의 반응에 일희일비하지 않는 것이 요식업 자영업자의 기본 자질이 아닐까. 물론 고객의 피드백에 항상 귀를 기울이는 것은 기본 중의 기본이겠지만 그렇다고 휘둘리면 안 된다.

지역사회에 문화 콘텐츠를 제공하는 서점

채도운이 '버텨내는' 보틀북스는 책과 음료 판매뿐 아니라 북클럽을 비롯한 다양한 모임을 주최하기도 한다. 보틀북스 인스타그램은 홍보보다는 독서 모임을 알리는 정보 제공에 주력한다. 정보 제공은 단순 홍보보다 좀 더 효과적인 전략이다. 읍 지역에 있는 서점 입장에서는 독서 모임을 꾸려가는 게 굉장히 번거로운 일이지만 문화 콘텐츠에 취약한 지역의 주민 입장에서는 단비나 다름없다. 이 모델이 동네 서점이 살아남는 이상적인 방향이다. 동네 주민에게 서점을 사랑방으로 내놓고 독서 문화를 유도한다면 이제는 단순 영업장이 아니게 된다. 동네 주민과 함께한다면 그 공간은 지속 가능한 곳이 된다.

가족이라는 힘

채도운은 카페를 해서 큰돈 벌 생각을 하진 않았다. 그렇다고 취미 삼아 카페를 운영하는 것도 아니다. 그는 여전히 버텨내는 힘으로 살아갈 뿐이다. 본인 말처럼 참 '애매한' 사람이다. 직장 생활 당시 매사 다정다감한 직장 동료는 아니었던 것 같다. 그러나 사리 분별이 뚜렷하고 세상과 사람을 보는 눈이 따뜻하다는 인상을 준다. 그의 글이 그렇기 때문이다. 도무지 눈에 거슬리는 구절이나 단어가 없다. 유머와 재치가 넘치고 견고하며 수려하다. 읽어갈수록 마음이 훈훈해지고 위로를 받는다.

채도운과 보틀북스는 언제나 그 자리에서 따뜻하고 정감 있는 행복을 그리워하는 이들을 맞이하리라 믿는다. 카페에 때수건을 팔라고 만들어주는 엄마가 있고 매일 말끔히 카페를 청소해주는 아빠가 있기 때문이다. 채도운은 돈을 많이 번 사업가는 아니지만 남부러울 것이 없는 행복한 카페 주인이다. 그는 손님에게 꽃을 선물받는 카페 주인이다. 사람이 태어나 자기 일을 한다는 것은 무엇일까, 그 일로 경제활동을 하고 가족, 이웃과 함께한다는 것은 무엇일까를 가장 잘 보여주는 기업가가 있다면, 바로 보틀북스의 채도운이 아닐까 싶다.

빨리 결정하고
속히 시행하라

유튜브

구글이 서비스하는 동영상 공유 플랫폼이다. 전 세계 최대 규모의 동영상 공유 사이트로서, 이용자가 영상을 직접 업로드하고 시청하고 공유할 수 있다. 2005년 2월 페이팔 직원이었던 채드 헐리, 스티브 첸, 자베드 카림이 공동으로 창립했으며, 구글이 2006년 주식 교환을 통해 16억 5,000만 달러에 인수했다. 한국어 서비스는 2008년에 시작되었다. 구글은 인수한 지 3년 차인 2009년에 4억 7,000만 달러의 적자를 기록했으나, 2010년 흑자로 돌아섰고, 현재는 구글에서 독립해도 대기업을 능가할 정도로 몸값이 상승했다. 페이팔, 이베이, 구글 등에 몸담았던 창립자 스티브 첸의 극적인 인생 여정 중 유튜브의 창립과 매각 등은 매우 큰 자리를 차지하고 있다.

YOUTUBE

『유튜브 이야기』, 스티븐 첸·장리밍, 한민영 옮김, 올림, 2012

유튜브가 바꾼 세상

현재 내가 가르치는 중·고등학생들은 도저히 이해하지 못할 일이지만 서기 2005년 전까지만 해도 인류는 동영상을 올리고 공유할 수 있는 채널을 가지지 못했다. 길거리 응원을 해본 사람이라면 누구나 어제 일처럼 생생한 2002년 월드컵 때도 유튜브가 없었다는 말이다. 불이 인류의 문화를 진화시켰듯이 유튜브는 우리가 경험하지 못했던 다른 세상을 만들어가고 있다. 유튜브가 만들어낸 인류의 새로운 생활양식 중 하나가 달라진 TV 시청 습관이겠다. 사람들은 더 이상 TV만 바라보고 방송국에서 편성한 프로그램을 시청하기 위해서 기다리지 않는다.

인터넷에 익숙한 젊은 세대들은 TV가 없다고 해도 전혀 아쉬워하거나 답답해하지 않는다. 그들에겐 유튜브가 있기 때문이다. TV 시청자는 좋아하는 가수와 노래를 '기다려야' 했지만 유튜브 사용자는 '검색'해서 언제든지 불러올 수 있다. 몇 번의 클릭을 하는 수고를 마다하지 않는다면 자신이 보고 싶은 콘텐츠를 보기 위해서 검색할 필요도 없다. 유튜브가 알아서 해당 사용자가 좋아할 만한 콘텐츠를 노출해주기 때문이다. 말하자면 TV 시청자가 만원 버스를 탄 승객이라면 유튜브 이용자는 개인 기사가 운전하는 승용차를 탄 VIP라고 볼 수 있다. 일반인이 어쩌다 운 좋게 TV에 잠깐 얼굴이라도 비치면 '가문의 영광'으로 생각했지만, 유튜브는 누구나 개인 방송국을 차릴 수도 있고 언제라도 출연할 수 있는 플랫폼이다. 게다가 돈도 벌 수 있다.

유튜브의 공동 창업자 스티브 첸과 경제 전문 기자 장리밍이 쓴 『유튜브 이야기』에는 유튜브가 바꾼 TV 시청 습관에 관한 이야기가 나오는데 이 책이 발간된 것이 2012년이라는 사실이 놀랍다. 사람들이 TV보다는 유튜브를 통해서 정보를 소비하는 시대의 역사가 10년을 맞이하고 있다는 것이다. 더 놀라운 점은 이미 10년 전에 유튜브 창업자는 유튜브를 팔아치우고 억만장자가 된 다음 자서전을 집필했다는 사실이다.

계획은 철저하게 실행은 빠르게

'빠름'은 양날을 가진 검과 같다. 빨리하는 것이 권장되는 예도 있고 아닌 경우도 많다. 가령 인생에서 중요한 일을 결정할 때는 많은 사람이 천천히 시간을 두고 신중하게 결정하라고 조언한다. 멀쩡히 다니는 명문 대학을 자퇴한다거나, 집을 구매하고 결혼을 결정하는 일은 신중 모드가 필요한 일이라는 데 이의를 제기하는 사람은 드물다. 그런데 유튜브의 창업자 스티브 첸은 좀 달랐다. 그는 15분 만에 자퇴를, 하루 만에 집 구매를, 3일 만에 결혼을 결심했다. 스티브 첸의 속전속결 인생은 이것뿐만 아니다. 'youtube'라는 이름을 하루 만에 결정했고 2005년에 창업한 유튜브를 2006년 구글에 팔아치웠다. 유튜브를 팔아치울지 아니면 본인이 더 큰 회사로 키워갈지 결정하는 데는 제법 오랜 시간(?)인 5일이 걸렸다.

스티브 첸 본인 스스로 '충동적인' 사람이라고 자백(?)을 했지만 나는 〈타임〉의 표현대로 '활동적'에 가깝다고 생각한다. 그가 중요한 결정을 빨리 내리는 성향의 사람이긴 하나 대충 생각하고 서둘러 결정하지는 않는다. 물론 그도 사람이고 보니 거금을 들여서 급히 저택을 마련하고, 얼마 뒤 새 회사를 창업하리라곤 예상하지 못했다. 다만 대체로 그는 결정을 내리기 전까지 치열하게 공부하고 고민한 다음 실행을 빨리하는 편에 가까운 사람이다. 오랜 사전 조사와 고민을 하고도 쉽게 실행을 하지 못하는 사람이 얼마나 많은가. 페이팔에서 퇴사하면서 번 거금으로 저택을 산 다음 뜻밖으로 유튜브를 창업하지만, 자신의 새로운 사업에 관한 확실한 비전과 성공 가능성을 가지고 있었다.

그의 분석과 기업 콘셉트는 명확했다. '모든 사람은 동영상에 관심이 많다'는 확신을 기초로 '이용하기 편리하고 친구를 사귀는 데 도움이 되는 사이트'가 바로 그것이다. 이런 정확한 분석과 확신이 있었기에 전광석화처럼 유튜브를 창업할 수 있었다. 유튜브라는 이름을 정하는 데 하루밖에 걸리지 않았지만 듣기 좋고 외우기 좋도록 두 음절로 만들고 음절 모두 각각의 의미가 있어야 한다는 성공 키워드를 갖췄다. 모든 사람을 의미하는 you와 TV를 상징하는 tube는 교묘하지만 완전하게 소셜미디어라는 의미가 있는 이름이다.

스티브 첸이 2006년 유튜브를 구글에 16억 5,000만 달러에 팔고 나서부터 아마도 심심찮게 이런 질문을 받지 않았을까? "이봐 스티브, 그때 유튜브를 왜 팔았어? 지금 유튜브 가치가 어떻게 되었는지 알지?" 그럴 만도 하다. 현재 유튜브는 구글에서 떨어져 나오면 미국의 웬만한 대기업보다 가치가 높고 유튜브 덕분에 모기업 구글의 가치가 엄청나게 상승했다. 스티브 첸이 매각한 시점과 현재 가치의 간격은 수치로 계산하기 힘들 만큼 매우 크다. 사촌이 땅을 사도 배가 아픈 것이 사람인데 원래는 자기 것이었던 회사의 현재 가치를 생각하면 배가 아플 만도 당연하다. 과연 스티브 첸은 유튜브 매각을 후회할까? 대답은 결코 '아니'다. 2006년 당시 스티브 첸과 그 동료는 이미 매주 100시간 이상 일했다. 하루에 반 이상인 열네 시간을 일했다. 무엇보다 유튜브 자체의 역량으로 감당할 수 없는 설비가 추가로 필요했다.

결국, 당시의 유튜브는 대기업에 인수되지 않고는 운영될 수 없는 상황이었다. 인력도 부족했고 엄청난 투자도 필요했다.

물론 미래의 성장 가치를 생각하면 누구나 스티브 첸처럼 매각할 수는 없다. 같은 상황이라도 무리해 꾸려나가는 사람도 있다. 그랬다면 지금의 유튜브라는 회사 자체가 존재한다고 보장할 수 없다. 스티브 첸은 현실을 냉철하게 직시해 빠르게 결단을 내렸고 유튜브를 좋은 조건으로 인수하고 발전시켜나갈 구글이라는 기업을 신속하게 찾아냈다. 지금이야 당연한 결정이었다고 누구나 생각하겠지만 2006년으로 거슬러 올라가면 꼭 그렇지도 않는다는 데서 스티브 첸의 사업가적 역량을 엿볼 수 있다.

스티브 첸의 이런 일사천리 일 처리 방식은 그의 첫 번째 직장인 페이팔에서 견고해진 것으로 보인다. 페이팔은 '필요 없는 회의 줄이기' 정책을 펼쳤는데 최고운영 책임자가 스스로 회의 단속반을 자처했고 내용이 쓸데없다고 생각되면 바로 회의를 중단시켰다. 회의 시간은 신속하게 결론짓는 데 집중되어야지 쓸데없는 얘기로 낭비되어서는 안 된다. 회의에서 상사가 불필요한 이야기나 훈계를 늘어놓는 것이 얼마나 큰 낭비이며 직원들의 의욕을 낮추는지 직장인이면 누구나 공감한다. 요약하면 스티브 첸은 결론을 내리기 위해서 현실을 냉철하게 고려하고 치열하게 고민하지만, 막상 확정되면 그 실행은 매우 빠른 사람이다.

완성도 100퍼센트 vs 완성도 90퍼센트

한 학교가 소풍을 가기 위해서 수십 쪽의 계획서가 필요하다는 사실을 아는가? 소풍 업무를 담당하는 교사는 수십 명에서 수백 명의 학생이 소풍하러 가는 데 일어나는 모든 상황과 절차에 대해서 계획을 꾸미고 사전 결재를 받아야 한다. 그야말로 완성도 100퍼센트의 계획서가 필요하다. 규모가 큰 조직일수록 일반적으로 계획은 치밀하고 절차는 복잡하며 상품의 완성도는 높다. 그러나 만약 여러분의 조직이 기껏 열 명 내외의 직원으로 구성되어 있다면 다르게 생각해야 한다. 이것이 스티브 첸의 생각이다. 그는 120명이 근무하는 회사라면 반년을 투자해서 완성도 100퍼센트의 상품을 생산하겠지만 열두 명으로 이루어진 회사라면 3개월 이내에 90퍼센트의 완성도를 가진 상품을 목표로 해야 한다고 주장한다.

인력이 부족한 작은 회사가 한 가지 프로젝트를 장기간 계획하고 끌고 가는 것보다는 완성도가 약간은 떨어지더라도 신속하게 일을 처리하는 게 중요하다는 것이다. 여기에서도 스티브 첸의 '속도'에 대한 감각이 엿보인다.

페이팔은 왜 대학 중퇴자를 좋아하는가?

스티브 잡스, 빌 게이츠, 마크 저커버그 이 세 사람은 모두 성공적인 창업자라는 사실 말고도 또 다른 공통점이 있다. 웬만한 사람이라면 다 아는 사실, 모두 대학 중퇴자다. 이쯤 되면 대학 중퇴가 마치 실리콘밸리의 상징이 되어가는 셈이다. 왜 실리콘밸리에서 성공한 사람 중에 중퇴자가 많을까? 이베이에서 직접 구매를 해본 사람이라면 '페이팔'이란 결제 시스템이 친숙할 것이다. 페이팔은 왜 중퇴자들을 좋아할까? 페이팔이 아예 규정을 정해서 신입 사원을 뽑을 때 중퇴자에게 가산점을 주지는 않는데도 말이다.

페이팔에는 대학과 박사 과정을 중퇴한 사람이 많다. 유튜브 창업자 스티브 첸도 명문 일리노이 대학교를 불과 한 학기 남기고 자퇴해버렸다. 페이팔이라는 온라인 결제 시스템 회사와 겨우 15분 동안 이루어진 온라인 면접을 마치고 그런 결정을 했다. 물론 스티브 첸도 대학 학위에 미련이 남았지만, 그보다 페이팔이라는 회사에서 자신을 원하고 있다는 사실이 그에게 더 중요했다. 미국 내에서 컴퓨터공학 분야 상위 5위에 해당한다는 일리노이 대학교 컴퓨터학과를 중퇴하고 취업한 것이 스티브 첸만의 특이한 결정이 아니었다. 많은 일리노이 대학교 재학생들이 졸업을 마다하고 실리콘밸리로 향한 것은 자신이 좋아하는 일을 빨리 하고 싶다는 욕구와 주어진 기회를 놓치지 않겠다는 절박함 때문이라고 생각한다.

대학과 박사 학위를 중간에 포기하고 직장을 다니겠다고 덤빈 사람들의 공통점은 무엇일까? 정규 학위에 얽매이지 않는 자유로운 영혼이라는 점과 좋아하는 일이라면 만사를 제치고 뛰어드는 충동적인 성격을 지녔다는 점이다.

공무원 같은 관료적인 분위기가 팽배한 직장이나 직업을 선택하는 사람에게는 그다지 바람직하지 않은 성향이지만 실리콘밸리는 다르다. 충동적이고 자유로운 사람이라면 밤낮 없이 일하고 장래가 불투명하며 때로는 월급을 제때 받지 못할 수도 있는 회사에 다니는 것이 가능하지 않을까? 페이팔이나 유튜브는 모두 자유를 사랑하며 자신이 좋아하는 일이라면 언제든지 대학을 그만둘 수 있는 사람들이 만들고 발전시킨 회사들이다. 좀 더 기다렸다가 학위를 받는 것보다는 당장 자신이 하고 싶은 일을 해야 직성이 풀리는 사람들이야말로 남다른 집중력과 창의력 발휘해 성공할 확률이 높다는 게 스티브 첸의 생각이다.

미혼, 창업의 가장 큰 재산

스티브 첸에게 가장 자유로웠고 신나는 시간은 유튜브를 매각하고 억만장자가 되고 나서가 아니었다. 창업을 해서 서른 시간을 연속해서 일하고 열 시간을 쉬었는데 간섭하고 말리는 사람이 없던 때가 가장 통쾌한 시절이었다. 당시에 그는 미혼이라는 신분이 주는 혜택과 자유로움을 실감했다. 사업을 하려면 처자식이 없을 때 해야 한다는 속설은 오래전부터 존재했다. 망하더라도 책임을 져야 할 부양가족이 없는 편이 낫다는 생각에서 나온 말이다. 스티브 첸은 다른 각도에서 미혼을 찬양한다. 보살펴야 할 가족이 없으니 마음껏 자기 일에 몰두할 수 있기 때문이다. 물론 처자식이 있음에도 불구하고 나 몰라라 하고 일에만 집중하는 사람도 있다. 그런 사람은 성공할지는 모르겠지만 가족을 잃을 가능성이 커진다. 더구나 무엇보다 가족을 중시하는 미국이라면 일에만 집중하기란 무척 어렵다. 실제로 창업 초기에 아빠가 된 스티브 첸의 동료가 매일 해야 하는 임무 중 하나는 저녁마다 6시에서 8시까지 아이와 놀아주기와 목욕시키기였다. 물론 스티브 첸은 그와 결별해야만 했다.

역사와 철학을 좋아했던 컴퓨터광

밤 10시가 되면 대부분이 수학 천재인 일리노이 대학교 컴퓨터학과 학생들은 기숙사에 모여 '흡연 회담'을 벌였다. 담배꽁초와 연기가 가득한 휴게실에서 그들이 주로 나눈 대화는 컴퓨터나 수학이 아닌 역사와 철학 이야기였다. 현재 실리콘밸리를 대표하는 인터넷 기업들의 창업주가 된 이 휴게실의 단골손님들은 모이기만 하면 철학과 역사를 논했다. 물론 스티브 첸도 학창 시절 역사와 철학을 좋아했다. 수학은 재미가 없었고 물리와 화학은 생각하기도 싫었다고 한다.

공대생에게 그리고 인터넷 기업가에게 철학과 역사는 어떤 선물을 주었을까? 스티브 첸은 역사와 철학 덕분에 감성을 계발하고 발전시켰다고 생각한다. 대학에서 더 설 자리가 없어져가는 역사와 철학이 실제로는 인터넷이라는 첨단 산업에 종사하는 기업가에게 필요한 창의력을 고양한다는 것을 스티브 첸은 몸소 체험하고 증명한다.

『유튜브 이야기』를 읽으면서 가장 신선하고 충격적이었던 대목은 스티브 첸 가문의 가정교육 원칙이었다. 타이완에서 미국으로 이민 간 이 가문은 '중국어를 최대한 많이 쓴다'를 핵심으로 두었다. 얼마 전 본 한국 드라마에서 필리핀으로 아내와 자식을 보낸 기러기 아빠가 딸과 통화를 하다가 서툰 영어로 딸아이와 대화하는 장면을 보고 난 후여서 특별히 더 충격을 받았다. 그 아빠의 마지막 말은 이랬다. "넌 반드시 영어를 써야 해." 영어를 공용어로 사용하는 나라에 이민하고서도 중국어를 소중히 여기는 것이 스테브 첸의 성공과 어떤 연관이 있을지 생각해보았지만 떠오르는 점은 없었다. 그러다가 황현산의 『밤이 선생이다』(난다, 2013)를 읽다 해답을 찾았다. 한 민족이 오랫동안 사용해온 모국어에는 사용자들의 생활과 문화에 따른 수많은 경험이 추척돼 있다는 것이다. 어쩌면 스티브 첸의 성공은 수천 년에 걸쳐 축적된 중국인의 지혜에 기반한 것인지도 모르겠다.

거꾸로 생각하라

아마존

미국을 대표하는 인터넷 기업 중 하나로서 1994년 제프 베이조스가 설립했고, 이듬해 1995년 온라인 서점으로 시작했다. 1997년 DVD, 음악 CD, 컴퓨터 소프트웨어, MP3, 비디오게임, 전자제품, 옷, 가구, 음식, 장난감 등으로 품목을 다양화했다. 동시에 전자책 단말기 킨들과 태블릿 컴퓨터를 제작했으며, 클라우드 컴퓨팅 서비스, 드론을 이용한 택배, 인공지능 알렉사를 탑재한 에코 스피커 등 최신 트렌드를 주도하는 인터넷 쇼핑몰이 되었다. 남미에 있는 세계 최대 강 아마존처럼 세계 최대 쇼핑몰이 되겠다는 의지를 담아 이름을 아마존으로 정했다. 친척과 친구, 아버지에게 투자받은 200만 달러로 시작한 아마존은 현재 미국, 캐나다, 영국, 독일, 오스트리아, 프랑스, 중국, 일본, 이탈리아, 인도, 스페인, 브라질, 멕시코 등의 국가에서 별도의 웹 사이트를 운영하고 있다.

AMAZON

나중에 후회할 일을 최소화하자

1994년 혼인신고서 잉크도 채 마르지 않은 30세 미국인이 한 통계 자료를 접했다. 인터넷 사용자가 매년 2,300퍼센트씩 증가하고 있다는 내용이었다. 이 사람은 로켓처럼 하늘로 치솟는 추세를 잡아타기로 했다. 앞으로는 인터넷이 이 세상을 지배하리라 확신한 그는 인터넷을 기반으로 사업을 하기로 하고 어떤 상품을 먼저 다룰지 고심했다. 그가 최종으로 선택한 상품은 책이었다. 우선 그가 독서광이기도 하고 책은 절대로 썩지 않는 상품이라는 사실에 주목했다. 책은 사람들이 매일 사용하는 물건이고 당시 미국에서는 두 곳의 대형 도매상이 있어서 유통하기에 편리했다. 무엇보다 당시 미국에서 판매되는 책이 무려

300만 종이었는데 오프라인 매장에서는 도저히 모두 진열할 수 없는 수량이었다. 반면 인터넷 상점이라면 오프라인 매장이 필요 없으니 진열 문제는 자동 해결이었다.

당시 안정된 헤지펀드 회사에 다녔던 이 사람은 자신의 아이디어를 실행에 옮겼다. 사표를 던지겠다는 그를 헤지펀드 사장이 만류했지만 듣지 않았다. 사장은 안정된 직장이 있는데 굳이 모험할 필요가 없다는 논리로 그를 설득했으나 이 청년의 신조를 막을 수는 없었다. 용감한 새신랑의 신조는 80세가 되는 시점에 절대로 후회할 일을 만들지 않겠다는 것이다. 실패할지언정 시도조차 하지 않는다면 늙어서 반드시 후회할 터이니 일단 해보자는 신념이 그를 지배했다. 다행히 부모와 갓 결혼한 아내는 그의 편이었다. 자전거 가게를 운영하며 서커스에서 외발자전거 공연을 하곤 했던 그의 아버지는 '인터넷이 뭐냐?'고 물으면서도 그가 평생 모은 10만 달러를 사업 자금으로 기꺼이 투자했다.

2018년 이 청년이 창업한 온라인 쇼핑몰은 그해에만 10억 개의 소포를 발송했다. 이는 지구 전체 인구보다 20억 개가 많은 수치였다. 이 회사의 이름이 '아마존'이며 결혼하자마자 안정된 직장을 때려치우고 아마존을 창업한 청년은 2021년 현재 세계 부자 순위 2위인 제프 베이조스다. 현재의 그를 만든 것은 일단 시도해보자는 도전 정신이었다. 시도했다가 실패하면 후회스럽지 않겠지만 시도조차 해보지 않는다면 두고두고 후회하게 된다는 신념이 오늘날의 그를 만들었다. 시도는 본인이 한 선택이지만 실패는 선택이 아니다. 그러니 후회할 일도 없다.

제프 베이조스가 창업한 아마존 탄생기를 요약하고 나니 한 야구 중계의 해설자 말이 떠오른다. 타자는 타석에 서면 일단 휘둘러야 한다는 것이다. 휘둘러보지도 못하고 삼진으로 물러나면 아쉬움이 남을 수밖에 없다. 배트를 휘둘러서 아웃이 되더라도 휘둘러보지도 않고 멍하니 삼진으로 물러나는 것보다는 낫다. 투수도 마찬가지다. 팬들이 가장 답답해하는 것이 타자와 정면 승부를 겨루지 않고 연속으로 볼을 던지다가 볼넷으로 주자를 내보내는 투수다.

상위 10퍼센트에 들어갈 수 있는 직업을 선택하자

베이조스는 원래 이론물리학자를 꿈꾼 학생이었다. 명문 프린스턴 대학교에서도 거의 모든 과목에서 A^+를 받는 우수한 학생이었다. 물리학 우등생이었던 그는 어느 날 도저히 풀 수 없는 수학 문제를 만났다. 역시 우등생이었던 룸메이트와 세 시간 동안 그 문제를 붙잡고 끙끙거렸지만, 도저히 풀 수 없었다. 결국, 프린스턴 대학교에서 가장 똑똑한 친구에게 그 문제를 보여주자 그는 너무나 간단히 답을 구했다. 베이조스는 자기 성찰을 시작했고 본인이 뛰어난 이론물리학자가 될 수 없다는 사실을 인정했다. 대부분 직업에서 상위 10퍼센트 안에 들어가야 사회에 이바지하는 인재가 될 수 있고 특히 이론물리학 분야는 세계 50위 안에는 들어가야 의미 있는 업적을 남길 수 있다고 판단했다. 불길한 낌새를 알아차린 베이조스는 즉시 전공을 전기공학과 컴퓨터공학으로 바꿔버렸다. 그리고 오늘날 인터넷 쇼핑몰 최강자 아마존을 만들었다.

『제프 베조스, 발명과 방황』을 읽다 보니 그가 세계 50위 안에 들어가는 이론물리학자는 되지 못했지만 상위 10퍼센트 안에 들어가는 이야기꾼은 될 수 있겠다는 생각이 들었다. 일상생활 속의 사소한 에피소드를 이야기하면서도 마치 SF를 읽는 듯한 전율을 주니 말이다. 학교에서 학생을 가르치다 보면 자신이 가지고 있는 뛰어난 재능을 썩히고 있는 경우를 종종 본다. 학업 성적은 부진하지만, 만화를 기가 막히게 잘 그리는 학생이 있고 악기를 마치 전공자처럼 노련하게 연주하는 학생도 있다. 자신의 천부적 재능을 활용하지 못하고 엉뚱한 분야에서 고생하는 학생을 보면 안타깝다. 어쩌면 학창 시절 가장 집중해야 하는 일은 자신이 무엇을 제일 잘하는지를 찾는 것 아닐까.

다른 관점에서 바라보기

　인터넷 쇼핑몰을 창업한 베이조스가 종이 신문사인 〈워싱턴 포스트〉를 인수한 것은 의외다. 자신도 처음에는 종이 신문에 관심이 없었고 인수할 생각도 없었다. 막상 인수 제의를 받고 심사숙고한 그는 낙관하게 되었다. 인터넷이라는 신문물은 종이 신문의 이점을 거의 모두 빼앗았다. 스마트폰만 있으면 언제 어디서나 쉽고 편리하고 공짜로 뉴스를 볼 수 있는데 누가 종이 신문을 보겠는가. 심지어 종이 신문을 구독하는 사람은 뭔가 '특이한' 습관이 있다고 생각했다. 모두가 종이 신문의 위기를 말하는 시대에 베이조스는 어떤 긍정적인 면을 보았을까.

　대부분의 사람이 인터넷으로 뉴스를 볼 수 있으므로 종이 신문의 위기라고 보았다. 베이조스는 이것을 인터넷이 종이 신문에 준 선물이라고 생각했다. 종이 신문은 자신들이 만든 콘텐츠를 독자에게 전달하기 위해서 배달원에 의존해야 한다. 우주여행이 가능해진 21세기에도 산간벽지 지역은 당일 신문을 당일 받을 수 없다. 우리나라처럼 좁은 나라에서도 전국 모든 지역에 그날 신문을 독자에게 안겨주는 신문사는 존재하지 않는다. 이 일이 가능해지려면 신문사는 계산할 수 없는 거금을 투자해야 한다. 전 세계 지역을 커버하는 신문사가 존재하지 않는 이유가 이것이다.

그러나 인터넷 덕분에 한국의 두메산골에 사는 주민일지라도 〈워싱턴 포스트〉 기자가 방금 인터넷 판에 올린 기사를 읽을 수 있다. 베이조스는 물류에 전혀 투자하지 않고도 독자에게 뉴스를 배포할 수 있다는 사실을 기회로 삼았다. 수십만 명의 독자에게 비싼 구독료를 받는 구조를 탈피하고 수백만 명의 무료 구독자를 상대로 수익 모델을 찾자는 것이다. 베이조스는 자신의 아이디어를 실행에 옮겼고 재정이 좋지 않았던 〈워싱턴 포스트〉는 현재 안정적으로 수익을 내며 운영되고 있다. 사람들이 인터넷으로 뉴스를 무료로 보는 상황은 모든 신문이 겪고 있지만 베이조스가 인수한 〈워싱턴 포스트〉는 '다르게' 생각하고 '다른' 수익 모델을 추구함으로써 '다른' 신문으로 거듭났다. 디지털 기업으로 변신한 〈워싱턴 포스트〉는 인터넷을 기반으로 하는 온라인 콘텐츠를 대폭 강화해 수익을 창출한다.

아마존 안에서도 '거꾸로' 생각하기로 성공한 사례가 있다. 지금이야 웬만한 인터넷 쇼핑몰이 상품 후기용 게시판을 만들고 장려하기도 하지만 아마존이 출범한 1995년은 달랐다. 당시 아마존에 입점한 업체 상당수가 고객이 남긴 부정적 후기 때문에 물건을 더 팔지 못했다고 항의했다. 홍보해서 조금이라도 더 팔아야 하는데 부정적 리뷰를 올리게 하면 상품 판매가 저조해진다는 우려였다. 아마존의 실제 고객이기도 한 베이조스도 물건을 사려다가 부정적인 리뷰를 읽고 마음을 바꾼 적이 있다고 토로했다. 그러나 베이조스는 고객들에게 좋은 선택을 하도록 도와주는 것이 결국 회사에 유리하게 작용하리라고 믿었다.

거꾸로 생각하기로는 또 다른 사례도 있다. 아마존은 초창기부터 인스턴트 오더 업데이트 기능이 있었다. 고객이 주문하고 결제 단계로 넘어가기 전에 이미 구매한 이력이 있는 제품을 알려주는 시스템이다. 내가 주로 이용하는 인터넷 서점에도 이 기능이 있다. 책을 많이 사다 보면 예전에 샀던 책을 잊고 다시 주문하기도 하는데 '이 상품은 고객님이 예전에 구매했는데 또 구매하시겠습니까?'라고 친절히 알려주면 정말 고맙다. 한 권이라도 더 팔아야 하는 서점 입장에서는 손해보는 기능이므로 고객으로서는 더 고마운 마음이 든다. 추가로 필요해서 재구매할 때에도 이 메시지로 내가 과거에 샀었다는 걸 되새기게 되어 구매 리스트를 재점검하는 데에 도움이 된다.

반대로 그 기능이 없는 경우를 생각해보자. 자신의 실수로 또 구매했다는 사실을 늦게서야 알게 된 고객은 책 구매에 보수적이 되지 않겠는가. 무엇보다 고객의 실수를 친절히 알려주는 배려 덕분에 고객은 그 쇼핑몰을 더 크게 신뢰할 것이 분명하며 이 신뢰는 당장 작은 손해를 고려하더라도 결국 기업에는 소중한 자산이 된다. 불과 10분 만에 예약을 취소한 고객에게 환급 규정을 내세워 일부 금액만을 환급해준 펜션 업주가 소비자들의 공분을 사서 결국 막대한 손해를 본 경우가 최근에 있었다. 이윤을 추구하는 기업이 손해를 감수하고 소비자를 배려하는 모습을 보여주면 고객은 반드시 보답한다.

'워라밸'에 대한 새로운 관점

『제프 베조스, 발명과 방황』을 읽다가 무릎을 치면서 감탄한 부분이 있다. 베이조스가 일과 삶의 균형work-life balance을 일과 삶의 조화라고 표현한 구절이다. 흔히 직장인은 일과 개인적 삶을 별개로 생각한다. 이 둘은 물과 기름과 같아서 엄격히 구분되고 일은 행복한 개인 삶을 침해하는 요소라고 생각하는 경향이 있다. 베이조스는 다르게 생각한다. 개인적인 시간을 늘여가고 즐김으로써 일을 효율적으로 할 수 있는 것이 아니고 일터에서 행복감과 연대감을 느낌으로써 더 나은 가정과 개인의 행복을 누릴 수 있다는 생각이다. 직장에서 동료와 잘 지내지 못해 일하는 것이 괴롭다면 과연 그 사람이 가족과 함께 있을 때 행복할 수 있을까? 직장 생활이 괴로우면 웃는 얼굴로 귀가하기 어려우며 나머지 가족들은 당신의 표정과 말투를 읽고 곁에 오지 않으려 할 가능성이 크다.

베이조스는 일과 삶이 서로의 영역을 빼앗는 제로섬 게임을 하는 게 아니라고 주장한다. 틀린 말이 아니라고 생각한다. 사람은 잠자는 시간을 제외하면 하루의 반 이상을 직장에서 보낸다. 직장 생활이 행복하지 않으면 그 사람 인생의 절반이 불행해진다. 일터에서 다른 직원과 유대감을 느끼며 성취감을 맛보는 사람이 성공적인 가정생활을 누릴 확률도 높다는 베이조스의 생각은 이런 면에서 매우 타당하다. 결국, 가정과 일터는 서로에게 에너지를 주는 협력과 조화의 관계다.

똑똑한 사람보다는 친절한 사람

베이조스가 열 살 때 조부모와 차에 트레일러를 달고 여행을 떠났다. 할아버지는 운전하셨고 할머니는 조수석에 계셨는데 여행 내내 담배를 피우셨다. 담배 연기가 괴로웠던 베이조스는 자신의 영특함과 수학적 재능도 자랑할 겸 담배를 한 모금 빨아들일 때마다 2분의 수명이 줄어든다는 지식을 활용해서 할머니가 일생 피웠던 담배 때문에 수명이 9년 줄어들었다고 말해버렸다. 똑똑하다고 칭찬받으리라 기대한 베이조스의 생각과는 달리 할머니는 울음을 터트렸고 잠시 후 할아버지는 베이조스에게 '똑똑함'보다는 '친절함'이 어려운 일이라는 걸 알게 될 거라고 조용히 충고했다. 영특함은 재능이고 친절은 선택이다. 영특함은 타고나는 것이니 얻기 쉽지만, 친절은 선택의 문제이니 그보단 갖추기가 어려울 수 있다. 자신이 영특하다고 생각해 자부심을 넘어 과신하다 보면 그 장점마저 스스로 망가뜨리게 된다. 설령 상대가 겉으로는 똑똑하거나 유능하다고 칭찬할지 모르겠지만 속으로는 분한 마음이 치밀지 않겠는가.

조선 시대의 일이다. 한 사람이 죽을병이 걸린 것 같아서 여러 의원을 찾아다녔다고 한다. 의원마다 자신의 의술을 과시하면서 소생 가능성이 없으니 죽을 준비를 하라는 말만 했고 그 사람은 비통함에 젖어 마지막으로 한 의원을 찾았다. 그 의원은 진맥을 짚어보더니 대뜸 전혀 다른 소리를 했다. 음식을 잘못 먹어서 나타난 일시적 증상이니 집에 가서 밥 잘 먹으면 금세 나으리라는 것이었다. 그 의원의 말을 들은 환자는 크게 안도의 숨을 내쉬고 기쁜 마음으로 귀가해 잘 지내다가 얼마 뒤에 세상을 떠났다. 사실 마지막 의원도 그 환자가 불치병에 걸렸다는 것을 잘 알았지만, 얼마 남지 않은 삶을 마음 편히 지내다 가도록 선의의 거짓말을 한 것이다. 물론 아무리 선의라곤 해도 의원이 거짓말을 하는 것이 직업 윤리에 맞느냐는 논란이 생길 수 있다. 다만 의술이 뛰어난 의원도 중요하고 필요하지만, 환자의 마음을 꿰뚫고 배려해주는 의원도 소중하지 않겠는가. 실력이 우수한 의사는 많이 배출되지만 정작 환자를 따뜻하게 바라보고 환자의 고통을 자신의 고통으로 받아들이는 친절한 의사는 드물고 귀하다.

아마존은 일요일에도 배송한다?

빠른 배송은 한국 유통 업체만의 특기라고 생각하는 사람이 많은데 땅덩어리가 넓은 미국에서 일요일 배송을 한다니 놀라운 일이다. 신속한 일 처리를 좋아하는 한국 사람조차 일요일 배송을 꿈꾸지 않는데 인건비가 비싼 미국에서 일부 지역이라지만 일요일 배송을 한다니 믿기지 않는다. 저녁에 주문한 식품을 새벽에 받는 시스템이 소비자로서는 신기하고 편리한 만큼 배송 사원의 고충은 크다. 모두가 쉬는 일요일에도 일해야 하는 아마존의 배송 사원은 괜찮은지 우려스럽다. 사실 아마존은 고객과 주주에게는 천사나 다름없다. 고객은 저렴한 비용으로 물건을 구매하게 하고 주주에게는 많은 배당 수익을 준다. 그 이면에는 상품 공급 회사를 쥐어짜는 아마존의 횡포가 엄연히 존재한다. 아마존이 요구하는 최저가를 맞추지 못하면 매출을 급감시키는 악마 같은 정책 덕분에 고객과 주주는 금전적인 이득을 취한다. 또 압도적인 시장 점유율을 무기로 가격 경쟁을 유도해서 경쟁 업체를 도산시킨다는 비판도 받는다.

아마존은 오직 고객과 주주만을 위하는 회사일까? 직원 복지는 어떨까? 아마존 특유의 직원 혜택인 '커리어 초이스' 프로그램에서 그 해답의 실마리를 찾을 수 있다. 예를 들어서 항공기 정비나 간호 등의 강의를 들으면 그 비용의 95퍼센트를 회사에서 책임진다. 회사에서 맡은 직무와 연관된 외부 재교육을 지원하는 제도는 우리나라에도 흔하지만, 직무와 무관한 다시 말해서 다른 회사나 직군으로 이직하는 데 도움이 되는 재교육을 지원한다는 점은 매우 놀랍다. 실제로 아마존 배송 직원 출신이 간호사나 항공기 정비사로 재취업한다. 물론 아마존에서 지원받아서 자격증을 취득한 다음 이직한다고 해도 전혀 문제 삼지 않으며 현재까지 1만 6,000명의 아마존 직원이 이 프로그램의 혜택을 받았다.

더욱 신기한 점은 아마존에 있는 '커리어 스킬'이라는 프로그램이다. 이 프로그램을 통해 파트타임 직원에게 이력서 작성법, 컴퓨터 활용 기술을 포함한 직장인 기본 업무 수행 기술도 가르친다. 다른 직업이나 회사로 이동하기 위한 공부를 회삿돈으로 시키는 복지 혜택은 독특하면서도 대단하다.

아마존이 제시하는 새로운 출판 문화

나 자신이 작가이다 보니 아마존이 운영하는 자비 출판 프로그램을 주목하지 않을 수 없다. 원래 인터넷 서점에서 출발했으니 자유롭게 개인 출판을 할 수 있는 플랫폼을 제공한다는 점은 놀랍진 않다. 단체 메일로 원고를 투고하는 등 기상천외한 작가 지망생을 접하는 고충은 많이 들었지만, 출간을 희망하는 작가들의 고충도 만만찮다. 투고해서 실제로 출간으로 이어지는 경우는 희박하다. 어렵게 원고를 썼지만, 입구에서 '넌 안 돼'라고 외치는 수문장이 버티고 있다. 수백만 원을 투자하더라도 표지만 봐도 자비 출판이라는 표시가 날 만큼 책 자체가 조악한 경우가 많다.

아마존은 KDP라는 셀프 퍼블리싱 플랫폼을 운영하는데 누구나 쉽게 작가가 될 수 있도록 돕는다. 원고만 있다면 모든 사람이 5분 이내에 출간할 수 있고 48시간 이내에 아마존이 개발한 전자책 단말기인 킨들을 통해서 전 세계에 판매가 시작된다. KDP 사이트에 접속해서 작가 정보, 표지, 가격 등 책 판매에 필요한 정보를 입력하면 미리 출간될 책 디자인을 확인할 수도 있고 바로 책 판매가 시작된다. 아마존이 제공하는 다양한 프로모션 도구로 자신의 책을 홍보할 수도 있는데 작가에게 돌아가는 인세는 70퍼센트에 이른다.

미국이나 우리나라의 많은 전통적인 출판사는 1년에 두 번 인세를 정산하는 것이 일반적인데 아마존은 판매 수익이 발생하면 인세를 매월 정산하는 시스템을 자랑한다. 1년에 두 번 월급을 받는다면 누가 좋아하겠느냐는 아마존의 주장에 공감하지 않을 수 없다.

아마존이 동네 서점을 운영한다고?

아마존이 온라인 서점으로 시작한 회사라는 걸 모르는 사람은 드물지만, 오프라인 서점을 확대하고 있다는 사실을 아는 사람은 적다. 전 세계적으로 동네 서점이 망해가는 추세에서 왜 아마존은 오프라인 서점을 늘리고 있을까? 이유는 간단하다. 온라인 서점을 운영하면서 얻은 데이터를 활용하겠다는 것이다. 온라인 서점의 데이터와 오프라인 서점만의 장점을 융합한다는 전략이다. 아무리 온라인 쇼핑몰이 대세라지만 여전히 오프라인 매장을 선호하는 사람이 있고 온라인 매장은 한계가 있다는 현실적인 이유도 작용한 것으로 안다.

아마존 오프라인 서점에 발을 디디는 순간 고객들은 뭔가 친숙하다는 느낌을 받는다. 온라인 아마존 서점의 데이터와 전시 시스템을 그대로 가져왔기 때문이다. 예를 들어 온라인 아마존 고객의 베스트셀러, 고객에게 높은 평점을 받은 책, 아마존 킨들 독자 베스트셀러뿐만 아니라 오프라인 서점이 위치한 지역 주민들의 베스트셀러, 최근 젊은이들이 좋아하는 동영상 공유 플랫폼인 틱톡에서 많이 보이는 책도 좋은 위치에 전시한다. 마치 온라인 세계를 그대로 오프라인 공간으로 옮겨놓았다는 착각이 들 수밖에 없다. 더구나 온라인에서 보았던 킨들, 스피커, 인공지능 디바이스를 오프라인 매장에서 실제로 구경하고 마음껏 만져볼 수 있다.

온라인 서점은 표지 전체를 고객에게 노출해주지만 오프라인 서점은 대부분 책등만 노출할 수밖에 없다. 한정된 공간에 더 많은 책을 전시하기 위해서 어쩔 수 없는 노릇이다. 아마존 오프라인 서점은 표지 전체를 고객에게 보여준다. 부산 힐튼호텔에 있는 '이터널 저니&카페'가 이 전시 방식을 채택해서 화제가 된 적이 있다. 한마디로 양보다는 질을 선택한 것이다. 또 많은 독자들은 책을 선택할 때 표지를 중요하게 생각한다. 책등이 아니고 표지를 노출해줌으로써 고객들이 더 편하게 책을 선택하도록 돕는다. 더 많은 책을 전시해서 더 많은 수익을 노리는 것이 아니고 책에 대한 더 많은 정보를 제공해서 고객들에게 질 높은 서비스를 제공하겠다는 전략이다. 같은 이유로 짧은 리뷰도 제공한다. 연회비를 내는 프라임 고객은 온라인과 마찬가지로 오프라인 매장에서도 같은 할인율과 더 빠른 배송을 적용받는다. 이렇게 되면 프라임 고객이 더 증가할 테고 온라인과 오프라인 매장 모두 동반 성장을 할 동력을 얻는 셈이다.

결국 아마존 온라인 서점과 오프라인 서점은 협업을 통해서 매출 극대화를 추구하는 시스템인데, 오프라인 서점은 온라인 서점의 물류 창고와 반품, 배송의 거점으로 활용된다는 장점도 있다. 고객으로서는 온라인 서점에서 주문한 책을 가까운 오프라인 서점에서 수령하고 반품도 할 수 있으며 회사는 주문한 고객이 사는 지역에서 책을 배송할 수 있으니 물류 비용을 줄이게 된다. 물론 고객도 더 빠른 배송을 누리게 된다.

아마존은 동네 서점뿐만 아니라 유기농 식품 전문 오프라인 매장 '홀 푸드 마켓 whole foods market'을 지난 2017년에 인수해서 점차 매장 수를 확대하고 있다. 인공 첨가제나 조미료를 최대한 억제하거나 사용하지 않은 유기농 식품만을 판매하는데 아마존 오프라인 서점처럼 온라인에서 취득한 데이터를 활용하고 온라인 매장의 배송, 반품의 거점으로 활용하기도 한다. 이 매장의 특징은 고객들이 계산대 앞에서 줄을 설 필요가 없다는 것이다. 고객들이 아마존 앱을 실행시켜 QR코드를 인식하거나 지문 인식 시스템을 이용하면 자동으로 결제되는 시스템을 구축해놓았기 때문이다. 이 매장의 방침 중 감동하고 깜짝 놀란 부분이 있다면, 답답하고 좁은 환경에서 낳은 달걀을 취급하지 않는다는 점이다. 물론 가격은 비싸겠지만 많은 고객이 이 가게를 애용한다. 더구나 고객들은 홀 푸드 마켓을 '착한 기업'으로 인식한다. 현대의 많은 고객이 자신의 사회적 가치관을 소비를 통해서 알리는 미닝아웃meaning out을 하는데 착한 기업은 이런 성향을 지닌 소비자에게 매력적일 수밖에 없다.

서둘러 실패하라

픽사

미국 컴퓨터 그래픽스 애니메이션 영화 스튜디오다. 컴퓨터 애니메이션뿐 아니라 3차원 컴퓨터 그래픽 기술을 개발하고 판매한다. 2006년 월트 디즈니가 74억 달러에 픽사를 인수해 디즈니의 자회사가 되었다. 픽사는 1995년 〈토이 스토리〉를 시작으로 2021년 기준 〈루카〉까지 모두 24편의 장편 영화를 제작했으며 〈토이 스토리〉는 장편 애니메이션 영화에 처음으로 CG를 적용한 것으로 기록되었다. 1979년 루커스필름 사업부가 에드윈 캣멀을 고용하면서 그래픽 분야를 출범시키고 성공을 거두자, 애플컴퓨터 출신의 한 인사가 1986년 컴퓨터 그래픽 부문을 인수하면서 픽사의 역사가 시작되었다. 지금까지 픽사가 제작한 애니메이션은 디즈니와의 공동 작업이기는 하나, 시나리오 개발 등 제작은 전부 픽사에서 전담했다.

P I X A R

아무도 소외되지 않는 회의를 하려면

1986년 애플컴퓨터에서 쫓겨난 한 사내가 〈스타워즈〉, 〈인디아나 존스〉를 제작한 루커스필름의 그래픽스 그룹을 1,000만 달러에 샀다. 이 야심만만한 전직 애플컴퓨터 중역은 자신을 쫓아낸 애플컴퓨터에 대항하는 가정용 컴퓨터를 팔고자 했다. 그러나 이 회사는 자신의 계획과 다른 엄청난 회사가 되었다. 에드윈 캣멀, 앨비 레이 스미스와 함께 공동 설립한 이 회사는 1995년에 〈토이 스토리〉를 시작으로 해서 〈벅스 라이프〉〈니모를 찾아서〉〈월-E〉와 같은 세상 사람들이 모두 아는 애니메이션을 히트시켰다. 지금쯤 눈치챘는지 모르겠는데 자기 손으로 만든 애플컴퓨터에서 쫓겨난 이 남자는 스티브 잡스다. 그가 애플에서 받은 돈의 상당 부분을 투자해서 인수한 회사는 픽사 애니메이션 스튜디오다.

공동 CEO 스티브 잡스와 에드윈 캣멀은 취향이 비슷하지는 않았던 모양이다. 우선 에드윈 캣멀는 스티브 잡스가 총애하는 디자이너가 고른 테이블을 싫어했다. 지나치게 크고 길어서 서로 대화를 하자면 언성을 높여야 했고 눈이라도 마주치자면 고개를 거북이처럼 쑥 내밀어야 했다. 이 테이블은 그 당시만 해도 다른 사람의 감정에 공감할 줄 몰랐던 스티브 잡스의 회의 방식에 따른 것이다. 스티브 잡스는 중역들에게 오로지 듣기만 하고 말은 하지 말라고 지시했을 정도로 '교장 선생님이 주관하는 회의' 방식을 고수했다. 이런 회의 방식은 무엇이 문제일까? 말은 하지 않지만, 중앙에 앉은 사람은 중요한 인물이며 가운데서 먼 자리에 앉는 사람일수록 발언권이 약하다는 인식이 있다. 변방에 앉은 사람은 자신이 중요한 인물이 아니기 때문에 자주 발언을 하고 의견을 개진할 필요가 없다고 생각한다. 심지어는 회의 도중에 발언해서는 안 된다고 생각하게 된다. 에드윈 캣멀은 무엇보다 창의력이 중요한 기업에서 이런 식의 회의는 회사 발전에 도움이 되지 않는다고 생각했다.

그가 발견한 해결책은 정사각형 테이블이었다. 정사각형이라면 누구도 소외되지 않고 동등한 거리에서 평등한 관계를 유지할 수 있다. 평등한 공간을 제공함으로써 자유로운 의사 교환을 유도한 에드윈 캣멀은 다음엔 직위가 표시된 명패를 회의실 테이블에서 없애버렸다. 직위에 상관없이 누구나 자유롭고 평등하게 회사 발전에 도움이 되는 의견을 개진하도록 발판을 마련했다고 볼 수 있다. 회사 일의 창의력은 평등한 회의 테이블에서 시작된다. 명패가 없다면 더욱 좋다.

회의장보다 복도에서 진실을 말하면

픽사 직원들이 회의하는 장면을 멀리서 보면 경상도 사람들이 들판에서 만나 이야기하는 모습이 연상될 것이다. 언성이 높고 격렬하다. 픽사의 회의는 싸우기 위함이 아니고 진실을 알기 위해서다. 감독과 사내에 있는 스토리 작가는 '브레인 트러스트'라고 불리는 회의를 통해서 스토리를 꾸미고 결정한다. 최고경영자이면서 자기주장이 강한 스티브 잡스는 참석하지 않았다. 그가 참석하면 직원들은 자기 생각을 솔직하게 밝히지 않기 때문이다. 에드윈 캣멀은 스티브 잡스에게 회의에 참석하지 말 것을 요구했고 스티브 잡스는 이를 수락했다. 에드윈 캣멀은 경영자의 가장 큰 임무 중의 하나는 직원들이 생각을 솔직하게 말하는지 살피는 것이라고 주장한다. 회의 참석자들이 최고경영자 눈치를 보고 아무 말도 못 하다가 회의를 마치고 복도에서 자신들의 속내를 솔직하게 말한다면 성공하기 어려운 회사다. 그렇다고 한 해에 한두 번씩 기분 내키는 대로 직원들을 모아놓고 솔직하게 말해보라고 하는 것은 아무 효과가 없다. 직원들이 상사의 눈치를 보지 않고 자유롭게 의견을 내놓는 문화가 정착되어야 한다. 솔직함은 잔인하지 않다. 공격적이지도 않다. 회의 석상에서 나온 모든 의견은 회사의 공동 목표를 달성하기 위함이며 더 나은 작품을 내놓기 위해서 서로 도와야 한다는 것이 픽사를 움직이는 힘이다.

때와 처지에 적합한 옷을 입어라

스티브 잡스를 떠올리면 무엇이 가장 먼저 그려지는가? 많은 사람이 청바지와 검은 티셔츠를 머릿속에 그린다. 트레이드마크인 그 복장은 스티브 잡스의 형식에 구애받지 않는 자유분방한 사고를 상징한다. 그런데 스티브 잡스가 상장을 앞두고 투자자를 상대로 '약장사 쇼'를 할 때도 그 패션을 고집했을까? 아니다. 그날 그는 구석에 처박아두었던 정장을 차려입었다. 조금이라도 투자자들에게 잘 보이고 싶었다. 그뿐만 아니다. 픽사의 컴퓨터 전문가 역할을 했던 에드윈 캣멀에게는 팔꿈치에 가죽을 덮은 트위드 재킷을 입도록 주문했다. 컴퓨터공학 전문가라는 이미지를 주고 싶었다고 한다. 에드윈 캣멀이 실제로 컴퓨터공학 분야에서 그런 옷을 입은 적이 없는데도 잡스의 부탁을 따를 수밖에 없었다. 결과는 어떻게 되었을까? 대성공이었다. 〈토이 스토리〉가 개봉된 지 일주일 뒤 픽사는 1억 4,000만 달러에 이르는 자본을 유치했다.

번거롭고 귀찮다는 이유로 자신의 업무와 처지에 따른 의상을 입지 않는 사람이 많다. 명심하자. 심지어 스티브 잡스도 투자자에게 잘 보이기 위해서 정장을 말쑥하게 차려입었다.

스토리가 왕이다

픽사가 애니메이션을 제작하는 회사라고 해서 화려한 컴퓨터 그래픽 효과만을 무기로 승부하는 회사는 아니다. 픽사는 첫째도 스토리, 둘째도 스토리를 생각한다. 한 작품의 스토리를 꾸미는 데에만 2년을 보내는 것이 픽사다. 가령 〈토이 스토리〉를 제작할 때 제작진이 주로 고민한 것은 주인공 우디를 어떤 운명으로 만들어야 관객에게 호응을 얻어내고 설득력이 있을지였다. 컴퓨터 기술을 동원해서 얼마나 멋지고 웅장하게 영상을 제작할지는 기본으로 고려할 사항일 뿐이다. 실제로 스토리에 설득력을 부여하기 위해서 세세한 부분에도 신경을 많이 쓴다. 예를 들어서 등장 캐릭터가 기타를 치는 장면에서 손을 확인해보면 언제나 배경 음악에 맞는 코드를 정확히 잡고 있다. 달력에 매일 엑스 표시를 하는 장면에서는 방금 칠한 엑스 마크만 잉크가 덜 말라서 다른 엑스 마크보다 진하다. 이 정도 되면 픽사는 스토리와 디테일에 미친 회사다.

픽사에서 나온 〈소울〉(2020)은 영화평론가 이동진이 이야기의 깊이가 최상급에 도달한 작품이라며 평점 4.5를 주었다. 초반은 지루하지만, 후반으로 갈수록 대체 어떻게 이런 스토리를 생각해낼 수 있는지 충격을 받을 정도로 참신하다. 픽사의 신작의 라이벌은 오직 픽사의 전작이라는 찬사는 주로 탄탄한 스토리에서 기인한다. 요즘 성공하는 상품, 인물, 출판물은 모두 탄탄한 스토리를 담고 있다. 모든 분야에서 스토리가 좋으면 형식은 다소 미비하더라도 성공하지만 아무리 형식이 뛰어나도 스토리가 미약하면 성공하기 어렵다.

가능한 한 빨리 틀려라

픽사는 실패를 성공으로 나아가는 지름길이라고 생각한다. 실패를 적절하게 활용하면 성장으로 가는 기회로 활용할 수 있다는 것이다. 자전거를 배우면서 넘어지는 실패를 피할 수 있을까? 가능한 한 많이 넘어져봐야 빨리 자전거를 배운다. 그렇게 생각하면 실패는 필요악도 아니다. 실패는 절대로 '악하지' 않다. 아마추어 골퍼가 연습장에서는 프로급 실력인데 왜 필드에만 가면 실수를 연발할까? 연습장에서는 실패에 대한 두려움이 없기 때문이다. 반면 필드에서는 한 번의 실수가 패배로 연결될 수 있기 때문에 부담감을 느낄 수밖에 없고, 결국 이로 인해 실수를 하는 법이다.

픽사처럼 실패에 대한 두려움이 없는 문화를 가진 회사는 어떤 혜택을 누릴까? 모든 직원이 새로운 분야를 개척하고, 가보지 않은 길을 걸어가며, 새로운 시도를 두려워하지 않는다. 실패하지 않기 위해서 치밀하게 계획을 세워야 하는 이유도 분명히 있다. 실패하면 예산을 낭비할 수도 있고 항공기나 의학 분야의 실패는 매우 큰 희생과 대가를 치를 수 있으니 쉽게 실패를 장려할 수는 없다.

그러나 창의적인 아이디어가 중요한 픽사 같은 회사가 실패하지 않도록 압박한다면 직원들은 과거에 성공한 작품을 복제할 확률이 높다. 만약 영화사가 새로운 작품을 내놓지 않고 수익이 어느 정도 보장되는 속편만 계속 내놓는다면 아이디어가 고갈되었다는 뜻이다. 실패를 두려워한다는 신호이기도 하다. 픽사는 실패를 두려워하지 않기 때문에 관객이 보장되는 속편보다는 새 작품을 더 자주 출시한다. 실패하리란 생각에서 나오는 두려움은 더 큰 실패를 초래한다는 것을 잘 알기 때문이다.

많은 사람이 픽사가 내놓은 작품들이 원래부터 감동적이고 공감을 주며 독창적이었으리라 오해한다. 픽사라고 해서 처음부터 완전한 형태로 작품을 만들지는 못한다. 작품의 초안은 '못난이 아기'라고 부를 정도로 미숙하고 불분명하며 불완전하다. 수많은 시행착오를 거쳐서 수정하고 보완한 끝에 마침내 관객이 극장에서 만나는 완전체를 내놓게 된다. 만약 관객들이 극장판 버전과 초안 버전을 비교할 기회가 생긴다면 초안 버전의 조악함에 놀라움을 금치 못할 것이다. '못난이 아기'가 완전체로 진화하는 것은 실패를 환영하는 픽사의 문화 덕분이다. 픽사의 작품은 한두 명의 천재가 만든 결과물이 아니고 수많은 평범한 사람의 대화와 노력의 소산이다.

픽사 대학은 어떤 효과를 가져왔는가?

픽사 대학은 정식 대학이 아니라 직원 재교육을 위해서 회사 내에 마련한 교육 과정이다. 처음엔 드로잉을 가르쳤는데 갈수록 강좌가 늘어나서 지금은 조각, 회화, 명상, 댄스, 컴퓨터 프로

그래밍, 디자인 등 문화예술과 기술 분야를 망라한다. 이 모든 강좌 수강은 무료이며 심지어 수강 시간도 근무 시간으로 인정한다. 픽사는 왜 이런 과감한 투자를 했을까? 픽사는 다양한 직군의 교류로 인한 유대감 형성을 첫 번째 이유로 삼는다.

신입 촬영 기술자와 경험 많은 애니메이터가 나란히 앉아서 강좌를 듣는다면 사무실에서와는 다른 방식으로 교류하며 서로 마음을 열고 소통을 활발하게 한다. 또 직급의 높낮이가 다른 사원들끼리 같은 강좌를 듣고 활동한다면 조직 문화를 수직에서 수평으로 틀 수가 있다는 것도 큰 장점이다. 사무실에서 느끼지 못하는 유대감을 강의실에서는 나누게 되고, 이런 직원 간의 밀접한 관계는 돈으로 환산할 수 없는 단단한 자산이다.

또 컴퓨터 전문가가 미술 분야 강좌를 수강한다면 뇌의 활동이 왕성해진다. 컴퓨터 기술자라고 해서 언제나 컴퓨터 앞에만 앉아 있는다면 그의 두뇌는 정체되기 마련이다. 결국 픽사 대학은 직원들이 좀 더 유연하고 건강한 인재로 성장하도록 돕기 위한 과감한 투자다.

환경을 보호하라

파타고니아

P A T A G O N I A

미국의 아웃도어 제품 기업으로, 1973년 이본 쉬나드가 설립했다. 파타고니아의 로고는 남아메리카의 파타고니아 지방의 피츠로이 산을 본떠 만들어졌다. 쉬나드는 암벽 등반가였는데, 1957년부터 본인이 설립한 쉬나드 이큅먼트에서 수제 산악 용품을 만들기 시작했다. 이 회사에서 만든 플리스가 유명하다. 아웃도어 제품 중 처음으로 플리스를 대중화한 일종의 오리지널 브랜드다. 북미 직장인 사이에서 캐주얼 유행이 불 때 파타고니아의 플리스 조끼 등을 많이 입어서 월가 금융인과 IT 업계를 상징하는 패션 아이템 중 하나가 되었다. 환경을 위해 "이 옷을 사지 말라Don't buy this jacket"는 광고 카피를 내세울 만큼 슬로 패션을 지향하는 친환경 기업으로 유명하다. 연 수익의 1퍼센트를 자연세라는 명목으로 지구를 위해 사용하며, 환경 단체 시위를 후원하기도 한다.

『파타고니아, 파도가 칠 때는 서핑을』, 이본 쉬나드, 이영래 옮김, 라이팅하우스, 2020

지구를 파괴하지 않고도 돈을 번다고?

조선 시대 왕들은 과거 시험 응시자의 답안지를 보고 좋은 구절이 있으면 붉은 점을 찍었다. 『파타고니아, 파도가 칠 때는 서핑을』이라는 책이 환경을 지키면서도 수익 창출 방법을 찾으라는 문제에 대한 과거 시험 답안지라면 온통 붉은 점으로 가득 차야 한다. 많은 사람이 고기를 먹기 위해서는 어쩔 수 없이 가축은 가혹한 환경에서 사육되고 도축되어야 한다고 인정하는 것처럼 돈벌이와 환경 파괴는 떨어질 수 없는 관계라고 생각한다. 기업은 이윤을 추구하는 집단이다. 좀 더 많은 수익을 창출하기 위해서 대량생산을 해야 하는 숙명이다. 대부분 산업에서 대량생산은 자연 파괴로 이어진다. 대표적인 굴뚝 산업뿐만 아니라 출판 산업도 산림 파괴를 전제로 한다. 기업은 자연의 적이다. 가난한 사람의 노동력을 착취해서 부자에게 건네주고, 고유 문화를 파괴하며, 공장 폐수로 지구를 오염시킨다.

그러나 기업은 먹을거리를 생산하고, 질병을 고치고, 고용을 창출하며, 우리의 삶을 쾌적하고 안락하게 향상한다. 파타고니아는 이런 좋은 일을 이성과 영혼을 버리지 않고도 할 수 있다는 것을 보여주는 기업이다. 파타고니아는 어떻게 환경 지킴이 운동을 하면서도 수익을 내고 있을까? 그냥 말로만 친환경 기업이라고 하면서 홍보에 이용하는 것은 아닌지 의구심이 생기지만 호기심이 치밀어 서둘러 읽어나갔다. 기업이 환경을 지키는 좋은 일을 많이 하면서도 돈을 잘 버는 것이 제발 사실이기를 바라면서 말이다.

지금이야 파타고니아라는 거대 기업을 이끌고 있지만 원래 떠돌이 등반가이자 대장장이였던 이본 쉬나드가 역시 떠돌이 등반가 친구들을 모아서 쉬나드 이큅먼트라는 회사를 설립했다. 떠돌이들이 모여 만든 이 회사는 1970년 미국에서 가장 큰 등반 장비 공급 업체가 되었다. 역설적이게도 이 영광은 환경 파괴의 주역으로 등극했다는 의미가 된다. 당시 미국에는 암벽 등반이 붐이었는데 갈라진 바위 사이에 끼워서 등반가가 위치를 확보하는 금속 피톤(못)을 너도나도 박고 빼낸 덕분에 암벽이 급속도로 망가졌기 때문이다. 피톤은 쉬나드 이큅먼트의 주력 상품이었다. 자신이 판매한 제품 때문에 아름다운 암벽이 망가져가는 모습에 충격을 받은 이본 쉬나드는 피톤 사업을 단계적으로 접기로 했다.

해머로 암벽을 두들겨서 박아 넣는 피톤이 이본 쉬나드가 친환경주의자로 변신하는 계기를 만들었다. 손으로 끼워 넣을 수 있어서 바위를 파괴하지 않지만, 성능이 조악해서 외면받던 영국산 초크를 개량하고 성능을 향상해 판매하기 시작했다. 이본 쉬나드가 스토퍼Stopper와 헥센트릭Hexentric이라는 이름으로 시장에 내놓은 초크 덕분에 등반가들은 바위에 상처를 남기지 않는 클린clean 등반을 한다. 환경을 파괴하지 않는 유기농 등반가가 된 것이다.

파타고니아는 적어도 두 가지 추세에서 원조 격에 속한다. 우선 우리나라 중년을 설레게 하는 알록달록한 등산복을 파타고니아가 유행시켰다는 것을 아는가? 1960년대만 하더라도 보편적인 등산복은 황갈색 바지에 흰색 와이셔츠였다. 환경 파괴를 막기 위해서 오래 입을 수 있는 내구성이 강한 옷을 좋아한 이본 쉬나드는 럭비 선수들이 입는 셔츠를 구해서 입기 시작했다. 붉은색과 노란색 줄로 장식된 그 셔츠는 등반이라는 격렬한 운동의 신체 활동을 버티기에 충분했고 이본 쉬나드의 친구들은 그 옷을 대체 어디에서 구했느냐고 물었다. 파타고니아가 판매하기 시작한 밝은색 등반복은 이윤이 많지 않은 등산 장비가 못한 효자 노릇을 톡톡히 하였다.

　파타고니아는 1984년에 미국 최초로 재생 용지를 사용해서 카탈로그를 만든 기업이 되기도 했다. 카탈로그를 재생 용지로 만듦으로써 파타고니아는 엄청난 양의 전기, 물을 아끼고 오염 물질과 폐기물을 줄였는데 무엇보다 나무 14만 4,500그루가 잘려나가는 것을 막았다.

　『파타고니아, 파도가 칠 때는 서핑을』을 읽다가 가장 놀란 부분은 제리 맨더가 파타고니아 이사회의 이사 중 한 명이라는 것이었다. 제리 맨더가 누구인가? 그의 대표작이 『텔레비전을 버려라』(우물이있는집, 2002)라는 것만 해도 그가 어떤 사람인지 대충 짐작이 가능하다. 더구나 우리나라 생태 운동을 상징하는 잡지 〈녹색평론〉을 창간하고 이끌었던 김종철 교수가 깊게 영향을 받은 『거룩한 것의 부재In the absence of the sacred』의 저자이기도 하다. 이 책을 통해서 제리 맨더는 토착 문화와 환경을 파괴하는 기술 문명을 통렬히 비판했다. 미국에서 가장 오래되고 규모가 큰 환경 단체인 시에라 클럽의 광고 캠페인을 이끌고, 그랜드 캐니언 댐 건설 반대 운동을 비롯한 굵직한 환경 지키기 운동에 참여한 제리 맨더가 파타고니아의 이사라는 것을 알게 되었을 때 나는 확신했다. 파타고니아의 환경 지키기 운동에 대한 진정성은 의심의 여지가 없다. 파타고니아가 환경을 지키기 위해서 부단한 노력을 한다는 것을 알겠다. 그런데 어떻게 환경 지킴이 운동을 하면서 돈을 많이 벌 수 있을까?

비행 청소년을 연구하라

파타고니아가 추구하는 기업가 정신은 비행 청소년을 닮았다. 쉬나드는 비행 청소년이 교복을 거부하고 멋대로 입는 것처럼 파타고니아의 직원들도 자유롭게 입고 내키면 맨발인 채로 근무하기를 바란다. 또 수업을 빼먹고 자신이 좋아하는 일을 즐기는 비행 청소년처럼 파타고니아 직원들도 파도가 좋을 때 서핑을 즐기고, 눈이 내리면 스키를 타며, 자식이 아프면 집에서 아이를 돌보기를 바란다. 비행 청소년이 엄격한 규율을 거부하듯이 쉬나드는 권위를 싫어하고 규칙 무너뜨리기를 좋아한다. 쉬나드는 일단 직장은 즐겁고 편안한 곳이어야 한다고 확신했다. 직장이 너무 좋아서 계단을 껑충껑충 뛰면서 출근하게 만들고 싶었고, 실현했다.

파타고니아에는 임원들의 개인 사무실도 없으며 넓은 공간에서 전 직원이 함께 일한다. 사내 어린이집이 있어서 아이들이 마당에서 뛰어놀고 점심 시간이 되면 회사 식당에서 아이들과 함께 식사한다. 다소 산만해 보이기까지 한 이런 분위기가 파타고니아에 어떤 선물을 주었을까? 자유로운 의사소통과 넘치는 창의력이 그 대답이다.

80퍼센트까지만

쉬나드는 사업이든 운동이든 80퍼센트의 숙련도를 달성할 때까지만 열심히 한다. 말하자면 어떤 분야든 간에 '고수' 정도로 만족하지 '초절정 고수'에 욕심내지 않는다. 예를 들어 쉬나드가 아무리 산을 좋아하더라도 7,600미터보다 높은 산을 등반하지 않는다. 고도의 훈련이 필요하기 때문이다. 게다가 두 아이의 아빠이기도 하다. 위험한 일을 삼가야 한다. 숙련도 100퍼센트를 갖추기 위해서는 집착에 가까운 노력과 전문성 그리고 재능이 필요하다. 투입되는 노력과 시간에 산출되는 결과물이 비례하지 않는다. 80퍼센트 수준에 도달하면 시들해지고 완전히 다른 일로 시선을 돌리는 쉬나드의 성향은 사업에 어떤 영향을 주었을까? 파타고니아는 제품 라인이 다양한 것으로 유명하고 실제로 매출에 긍정적이다. 한 가지 아이템에 사로잡혀서 세계 최고의 제품을 만드는 것은 아마추어 골퍼가 프로 경지에 이르기만큼 어렵고 긴 시간이 필요하다. 파타고니아는 많은 예산과 시간이 필요한 완성도 99퍼센트를 자랑하는 한 가지 아이템보다는 효율적인 투자로 가능한 80퍼센트의 완성도를 가진 열 가지 제품을 다룬다.

아는 사람만 뽑는다

웬만한 대기업과 공기업은 신입 사원을 공개 채용으로 뽑는다. 요즘은 그걸로 만족하지 못해서 학력을 기재하지 않는 블라인드 테스트를 채택하는 곳도 많다. 공정성을 무엇보다 중요하게 생각하기 때문이다. 파타고니아는 입사 희망자에게 공정한 기회를 주지 않는다. 아는 사람만 뽑는다. 직원의 친구, 그 친구의 친구, 그들의 친척을 채용한다. 사적인 네트워크로만 직원을 구하는데 이것이 자칫하면 불공정의 표상으로 비칠 수도 있다. 한 부서에 부부, 모자, 형제자매, 사촌과 사돈이 함께 일하기도 한다. 회사가 '가족 같은 분위기'가 아니고 그냥 '대가족'인 셈이다. 아무래도 회사 분위기가 돈독하고 편안하다 보니 회사 전체의 팀워크가 좋을 수밖에 없다.

구인 광고를 내지 않고 채용 박람회에도 참석하지 않는다. 왜 이럴까? 파타고니아는 인재가 아니고 일에 잘 맞는 사람을 원한다. 월등한 실적을 내서 스타 플레이어가 되기를 원하는 사람보다는 그저 강이나 산에 있는 것이 편한 사람을 좋아한다. 경영대학원 졸업생보다는 떠돌이 암벽 등반가가 파타고니아 직원이 될 가능성이 크다. 야외 용품을 파는 회사이니까 아웃도어 활동을 좋아하는 사람을 선호하는 것은 어쩌면 당연한 일이겠다. 아웃도어 활동을 좋아하는 사람이 야외용 상품을 다루는 회사에 다니면 그에게 직장은 놀이터나 다름없고 일의 능률은 높을 수밖에 없다. 이런 사람을 뽑기 위해서는 공개 채용보다 파타고니아 직원들의 지인이나 친척을 소개받는 쪽이 더 빠르고 낫다는 것이다.

한 가지 이상의 기능을 하는가?

우리가 소유하는 모든 상품은 생산되어, 팔리고, 배송되고, 보관되고, 세탁되고, 버려지는 모든 과정에서 환경을 파괴한다. 소비자 자신이 환경을 파괴하는 가해자이기도 하고 소비자의 주문에서 비롯되어 생산자와 유통업자에 의해서 저질러지기도 한다. 그래서 우리는 환경을 조금이라도 지킬 생각이 있다면 무언가를 구매하고 싶을 때 스스로 두 가지 질문을 해야 한다. 첫째 이미 소유하고 있는 물건으로 충분하지 않은가? 이 상품이

한 가지 이상의 기능을 해낼까? 환경을 먼저 생각하는 파타고니아는 등반용 배낭을 만들 때 등이 편안하도록 등 부분에 패드를 넣는데 이 패드는 야영지에서 방석으로 쓸 수 있고 등산하다가 넘어져서 팔이나 다리가 부러졌을 때 고정 붕대로도 쓸 수 있다. 한 가지 물건이 여러 가지 기능을 수행하도록 제작되기 때문에 여러 개의 물건이 개별적으로 생산되고 소비되어서 환경에 주는 피해를 줄인다.

이는 등반가의 현실을 고려한 배려이기도 하다. 등반가는 SUV에 짐을 잔뜩 싣고 산을 오르는 것이 아니고 배낭에 꼭 필요한 물건만 넣고 오로지 자신의 노동력에 의지해서 이동해야 한다. 짐이 적을수록 좋다. 그러려면 등반가가 가지고 다니는 물건은 여러 가지 기능을 수행해야 한다. 취미로 골프 하는 사람을 생각해보자. 누가 봐도 한눈에 필드에서 입는 골프복으로 보이는 옷을 구매하는 것보다는 평상복으로도 보이는 골프복이 더 경제적이고 친환경적인 구매가 아닐까. 전자는 너무 화려하고 튀어서 골프장에서나 입을 수 있지만, 후자는 골프장과 직장에서 모두 입을 수 있다.

여러분이 사진가라고 생각해보자. 모든 환경이 사진을 촬영하기에 최적화되어 있고 이동할 필요가 없는 스튜디오에서는 다양한 렌즈를 비롯한 온갖 장비를 마음껏 사용할 수 있지만,

극한 자연환경에서 직접 촬영한다면 꼭 필요한 장비만을 가져가야 하며 그 장비는 모두 여러 상황에서 다용도로 사용될 수 있어야 하지 않겠는가. 파타고니아가 만드는 다기능 제품은 환경과 등반가를 모두 배려한다.

발명보다 혁신

세상에 없던 물건을 발명하면 역사에 그 이름을 당당하게 남기겠지만 매우 고통스럽고 오랜 시간이 걸리며 많은 돈이 필요할 가능성이 크다. 어렵게 발명을 했다고 하더라도 시장성 있는 물건은 매우 드물다. 발명으로 큰돈을 번 사람은 의외로 흔하지 않다. 발명하기 위해서는 30년이 걸릴 수도 있지만, 그 발명품에서 수백 개의 개선과 혁신이 탄생하는 데는 몇 년 혹은 몇 달이면 충분할 수 있다. 혁신은 오리지널 아이디어, 즉 발명품이라는 든든한 지원군이 있기에 가능하다. 파타고니아에서 판매하는 여러 의류 제품 라인은 발명한 것이 아니고 기존 제품에서 기능과 내구성을 강화한 것이다. 원작을 기초로 파타고니아의 철학을 가미한 퓨전 요리인 셈이다. 누구도 따라 할 수 없는 특별한 파타고니아의 제품은 발명이 아닌 혁신의 소산이다.

수선은 가장 급진적인 환경보호다

물건을 오래 쓰는 것이 소비자가 환경을 위해 할 수 있는 가장 좋은 일이다. 마찬가지로 고쳐 쓸 수 있는 물건을 만드는 것은 생산자가 환경을 위해 할 수 있는 가장 좋은 일이다. 새로 사지 않고 있는 물건을 수리해서 사용한다면 새 물건을 생산하기 위해서 이산화탄소와 폐기물을 배출하지 않아도 되고 물도 아끼게 된다. 파타고니아는 북아메리카에서 가장 큰 수선 시설이 있는데 여기에는 지금까지 파타고니아가 사용한 모든 천과 부자재가 보관되어 있다. 그래서 아주 오래전에 구매한 제품이라도 말끔하게 수선해서 다시 입도록 돕는다. 마치 수십 년 전에 생산한 모델이라도 부품을 끝까지 보관하여 수리해서 사용할 수 있도록 하는 독일의 명품 카메라 라이카처럼 말이다.

파타고니아 고객들은 야외 활동을 좋아하는 사람이 많다. 캠프를 하다가 불똥이 튀어서 옷에 구멍이 날 수도 있고 암벽을 오르다가 찢어지는 경우도 흔하다. 그래서 최대한 수리가 가능하도록 제작하는데 가령 파타고니아 제품은 옷 전체를 분해하지 않고 지퍼만 교체할 수 있도록 바느질을 한다. 바늘과 실에서 지구를 지키는 일이 시작된다고 믿는다.

건물도 고쳐가면서 쓴다

기업이 돈을 많이 벌면 가장 먼저 멋진 사옥을 짓는다. 파타고니아는 다르다. 지어진 지 오래되었더라도 아름답고 고쳐서 다시 사용할 수 있는 건물을 좋아한다. 웬만하면 새 건물을 짓지 않고 가구도 중고를 산다. 환경을 위하는 책임감 있는 태도를 건물에서도 실천한다. 많은 기업이 오래된 건물을 사용하는 경우에 원래 모습을 무시하고 현대적 외관을 일부러 덮어씌우는데 파타고니아는 반대다. 건물이 가지고 있는 역사적 가치를 존중해서 현대적인 외관을 들어내고 원래 모습을 복원해서 사용한다. 장사가 잘될 듯한 건물보다는 사람들이 왕래하는 지역에서 멀리 떨어져 있더라도 아름답고 전통이 있으며 임대료가 저렴한 건물을 선택한다. 그 돈을 아껴서 건물을 아름다운 명소로 만드는 데 투자한다.

비용이 더 들더라도 오래 입을 수 있는 옷을 선택하는 것이 환경에 유익하듯이 파타고니아는 초기 건축 비용이 좀 더 들더라도 가능한 한 오래 유지되는 건물을 짓는다. 물론 쉽게 수리하고 관리할 수 있도록 설계한다. 많은 프랜차이즈 매장이 지역과 상관없이 똑같은 모습인 데에 반해 파타고니아는 그 지역의 영웅, 스포츠, 역사, 자연의 특징을 고스란히 매장에 반영한다. 토착 문화를 파괴하지 않는 파타고니아는 지역별로 매장이 독특하게 디자인되어야 한다고 믿는다.

억 소리 나는 모델보다는 진짜 등반가를 모델로

파타고니아는 노출이 많은 과감한 옷을 입은 채로 포즈를 취하는 비싼 모델을 쓰지 않는다. 그것보다는 차라리 진짜 등반가가 진짜로 겪는 상황을 찍은 사진이 더 섹시하다고 믿는다. 살점을 하나도 드러내지 않더라도 말이다. 예를 들어 산기슭이나 높은 절벽의 좁은 공간에서 샌드위치를 먹는 등반가의 모습을 광고로 쓴다. 광고라기보다는 다큐멘터리처럼 진짜 등반가가 실제 활동하는 장면을 찍은 사진에 설명을 붙이는 방식이다. 재벌 3세와 출생의 비밀이 등장하는 비현실적인 드라마보다는 실제 직장인의 모습을 현실감 있게 보여주었던 〈미생〉(2014)이나 〈막돼먹은 영애씨〉(2007~2019) 같은 드라마를 훨씬 더 좋아하는 사람이 많지 않은가.

파타고니아는 경영자를 위한 전용 주차장이 없다

직원이 열 명이 채 되지 않는 관공서나 기업일지라도 기관장이나 경영자를 위한 주차 공간이 따로 있는 경우가 허다하다.

파타고니아는 경영자 전용 주차장이 없다. 더 놀라운 것은 가장 좋은 자리는 에너지 효율이 가장 높은 차주에게 우선권이 있다는 것이다. 물론 차 주인이 누구이든 상관없다. 파타고니아의 민주적이고 평등한 조직 그리고 상호 협력적 분위기는 주차장에서부터 시작된다.

고전에서 답을 찾아라

삼성 그룹

1938년 이병철이 부모에게 물려받은 자본금 3만 원(현재 가치 3억 원)으로 대구에서 삼성상회를, 1948년 서울에서 삼성물산공사를, 1951년 부산에서 삼성물산주식회사를, 1953년 제일제당과 제일 모직을 설립해 지금의 삼성 그룹을 창립했다. 1950년대 후반 인 수합병의 대표 주자로 나서며 오늘날 재계 서열 1위의 거대 기업 이 되었으며, 2013년 380조 원 규모의 매출을 올렸다. 삼성 그룹 은 브랜드 파이낸스에서 선정하는 글로벌 브랜드 가치 순위 500 대 기업에서 2018년 4위에 오르기도 했다. 삼성 그룹이란 삼성전 자를 중심으로 한 삼성물산, 삼성생명, 삼성석유화학 등 다수의 자회사를 의미하며, 대한민국에 본사를 둔 다국적 기업 집단을 가리킨다.

SAMSUNG

『호암자전』, 이병철, 나남출판, 2014

이병철이라는 인물

내가 중학교 2학년 시절인 1982년 한국에서 프로야구가 시작되었다. 나는 경상도 출신이라 자연스럽게 삼성 라이온즈 팬이 되었다. 신문을 보다가 구단주가 이건희라는 사실을 알았는데 황당하게도 당시까지만 해도 누군지 모르는 사람이었다. 삼성이라면 당연히 이병철 회장이 구단주여야 하지 않느냐는 의문을 가졌던 것으로 기억한다. 당시 중학생에게 이건희는 낯선 사람이었는지 몰라도 이병철 회장은 돈병철이라는 별명으로 회자되는 인물이었다. 세월이 지나서 요즘 10대들은 이병철 회장이 누군지 잘 모른다.

삼성 그룹이 우리나라를 대표하는 기업이라는 명제에 이의를 제기하는 사람은 드물 것이다. 동시에 삼성만큼 자주 찬사와 비난을 받는 기업도 드물다. 삼성 창업자 이병철 회장의 자서전 『호암자전』을 망설이다가 읽은 이유다. 나는 요즘도 〈영웅시대〉라는 드라마를 자주 돌려본다. 고도 경제 성장기에 주역을 맡았던 기업가들의 일대기를 다룬 드라마인데 원로 배우 정욱 선생이 연기한 국대호(이병철의 극중 이름)를 좋아했다.

기업가로서의 능력보다는 내가 주목한 점은 장남인 이맹희와의 관계였다. 잘 알려진 대로 이맹희는 장남으로 태어나 한때 삼성 그룹을 경영하다가 그룹 전체를 위험에 빠뜨렸다는 질책을 받고 졸지에 야인이 된 인물이다. 드라마에서는 아버지로서 자식을 강제로 정신병원에 감금시키겠다는 생각까지 했는데 자서전에 그 속내가 밝혀지지 않겠느냐 기대했다. 또 드라마에는 나오지 않는 인간적 고뇌와 사업을 하면서 겪었던 소소한 일화가 궁금하기도 했다. 누가 뭐래도 한국을 대표하는 삼성이라는 거목을 일으킨 사람이니 오늘날 젊은이들이 본받아야 할 면이 분명히 있겠거니 생각했다.

책을 읽으면 달라지는 것이 있어야 한다

『호암자전』이라는 책은 누가 봐도 재벌 회장이 냈음 직한 외관을 자랑한다. 두툼한 하드커버에 내지도 고급스럽다. 그러나 기대와는 달리 인간적인 고뇌와 개인의 주관이 배제되어 삼성 그룹 역사책이라고 해도 무리가 아니었다. 격동의 세월 속에서 때로는 부정 축재자로서 때로는 세금 탈루자로서 고초를 겪어 가면서 삼성이라는 기업을 일궈낸 이병철로서는 개인적 고뇌를 술회하기엔 여력이 없었겠다는 생각이 들기도 했다.

그래도 『호암자전』에는 현대 기업가들이 눈여겨봐야 할 대목이 다수 있었다. 이병철 회장은 고래등 같은 저택에서 태어난 부호의 자식이 맞는다. 결혼하고 자식을 둘이나 두고도 특별히 하는 일 없이 기생집을 전전한 한량도 맞는다. 그러나 그가 부친으로부터 물려받은 재산은 300석 수확이 가능한 토지였다. 천석, 만석꾼이 심심찮게 등장하는 조선 부호들을 고려하면 생각보다 많은 재산으로 사업을 시작한 것이 아니었다. 이병철 회장 말대로 300석 수확은 먹고살기에는 넉넉했지만, 기업을 시작하기에는 부족한 재산이긴 하다.

재벌이라는 이미지와는 달리 이병철 회장이 와세다 대학교 학업을 중간에 그만두고 고향에 돌아와 가장 먼저 한 일은 사업 구상이 아니고 노비 해방이었다. 노비 제도가 폐지되었음에도 여전히 자신의 집에서 종노릇하고 있던 30명가량의 노비를 풀어주었다. 유학 시절 탐독하던 톨스토이 작품의 영향을 받아 노예 제도가 도리에도 맞지 않고 사회 발전을 막는다고 생각했다. 톨스토이는 잘 알려진 대로 농노 해방 운동에 힘썼고 『안나 카레니나』의 레빈과 같은 인물을 통해서 사회 변혁을 주장했다. 이병철 회장은 레빈처럼 직접 노비와 함께 농사일을 하진 않았지만, 책에서 읽고 감명받은 점을 직접 실천하는 결단력을 보였다. 또 한 가지 흥미로운 부분은 그가 동경 유학 시절 가혹한 노동 조건으로 고통받는 방적공장 여공을 그린 『여공애사女工哀史』와 같은 책을 탐독했다는 점이다. 톨스토이를 읽고 노비를 해방해준 것처럼 이병철 회장은 『여공애사』를 읽고 직원의 근무 환경과 기숙 시설에 많은 신경을 썼다. 1955년 대구에 건설한 우리나라 최초의 모직 공장의 기숙사가 스팀 난방을 가동했다는 것은 정말 놀라운 일이다. 공장 안에 목욕실, 세탁실, 다리미실, 휴게실을 마련한 것도 모자라 공장을 마치 정원처럼 꾸몄다. 누구나 책을 읽고 감동을 할 수 있다. 책에서 배운 바를 현장에 적용하는 것은 아무나 하는 일은 아니다. 그런 면에서 이병철은 실천적 독서가로서의 면모를 갖췄다고 볼 수 있으며 이런 면모가 기업을 운영하는 데 필요한 결단을 좀 더 과감하게 할 수 있도록 도왔다고 생각한다.

이득이 있으면 반드시 해로움이 있다

연 수입 300석을 물려받은 이병철이 얼마 지나지 않아서 연 수입 1만 석 거부가 된 사정은 이랬다. 일제강점기에 세계적으로 불어닥친 공황과 일제의 농민 수탈이 극에 달해서 농사를 버리고 고향을 떠나는 사람이 속출했다. 김해 평야의 모든 전답을 사들이기로 한 이병철은 사업 계획서를 만들어 은행에 대출을 신청했다. 토지 담보 대출 한도는 무려 땅 감정가의 80퍼센트, 이자는 연 7.3퍼센트에 불과했다. 토지로 얻는 수익은 대출 이자를 지급하고도 계좌를 가득 채웠다. 심지어는 평당 25전으로 구매 계약한 토지가 은행감정가로는 38전으로 나와서 대출금으로 토지 대금을 모두 지급하고도 남는 지경이었다. 이병철 회장이 땅을 사기로 해서 은행에 알려주기만 하면 은행은 매입 자금을 빌려주고 명의 변경과 담보권 설정과 같은 귀찮은 일까지 대신해주었다. 어떻게 이보다 더 쉽게 돈을 벌 수 있을까. 가을 수확철이 되면 이병철은 돈이 더욱 풍족해졌다. 이병철이라고 해서 신출귀몰한 수완으로 돈을 번 줄 알았는데 이렇게 땅 짚고 헤엄치기 방식으로 부호가 됐다니 다소 실망스러웠다.

이병철이 세상에서 가장 쉬운 돈벌이를 하고 있을 때 청천벽력 같은 소식이 날아왔다. 그동안 이병철의 개인 금고나 다름없던 은행이 갑자기 더는 대출을 못 해주겠다고 통보한 것이다.

1937년 중일전쟁이 발발했고 일본 정부로서는 은행 대출 중단이라는 비상 조치를 내리지 않을 수 없었다. 그동안 은행 대출로 정신없이 땅 늘리기에 여념이 없던 이병철은 폭락하는 땅값을 견딜 재간이 없었다. 눈물을 머금고 시가보다 훨씬 싸게 그동안 모았던 땅을 처분한 것도 모자라 첫 번째 사업체였던 정미소와 운수 회사마저도 남에게 넘겨야 했다.

이병철은 이 경험을 토대로 후배 경영자에게 몇 가지 충고를 한다. 사업은 모름지기 시기와 정세를 인식하는 것에서 출발하는 것이니 첫째 국내 사정과 국제 정세가 변화하는 상황을 정확히 꿰뚫고 있어야 하며, 둘째 무모한 욕심을 버리고 냉정하게 본인의 능력과 한계를 고려해야 하며, 셋째 요행에 의지하는 투기를 절대로 하지 말아야 하며, 넷째 예상치 못한 악재에 대비하는 제2 제3선의 대비책을 마련해두어야 한다. 세 가지 이로움이 있으면 세 가지 해로움이 있으니 늘 비상 상황에 대비해야 한다는 것이다.

의심 가는 사람에게 일을 맡기지 마라

이병철 회장이 대구 서문시장에 설립한 삼성상회 경영을 대학 친구인 이순근에게 맡기자 주변에서 말이 많았다. 거액 대출이나 대량 자재 구입 건과 같은 극히 일부의 중요한 일을 제외하고 어음 발행과 인감 관리를 비롯한 대부분의 일 처리를 지배인에게 맡겼는데 누가 봐도 위험천만한 상황이니 주위의 우려가 당연했다. 결과는 어떻게 되었을까? 소유주인 이병철 대신 지배인이 전권을 휘두르다시피 한 삼성상회는 급성장했다. 물론 삼성상회의 성장에는 지배인의 탁월한 경영 감각이 있었고 탁월한 경영 뒤에는 이병철 회장의 믿음이 있었다. 이병철 회장의 인사 기준은 간단명료했다. 신중하게 사람을 채용하고 일단 뽑은 사람에게 대담하게 일을 시키라는 것이다. 이미 고용된 직원을 의심하면서 근무시키면 그 직원은 자기 역량을 충분히 발휘하지 못한다. 만약 고용주가 직원을 믿지 못해서 근무처에 CCTV를 상시 가동한다면 그 직원은 오로지 고용주에게 꼬투리를 잡히지 않겠다는 생각만 할 뿐 창의력을 발휘하지도, 더 성실하게 근무하겠다는 의지를 다지지도 않을 가능성이 크다. 이병철 회장의 이런 용인술은 사람 보는 안목이 탁월한 경우에만 제 기능을 한다는 단점이 있지만, 확실히 의심보다는 신뢰가 생산성을 향상시킨다.

직원을 신뢰하고 재량권을 과감하게 주는 방침은 생각지도 못한 선물을 경영주에게 선사한다. 5·16군사정변 직후 삼성 그룹이 탈세 혐의로 조사를 받을 때 삼성 임직원들은 하나같이

본인 생각으로 한 일이니, 전적으로 본인 책임이라고 나섰다. 이들을 조사하던 검사는 삼성이 훈련이 잘된 조직이라고 할 수밖에 없다고 감탄했지만 나는 생각이 다르다. 아무리 직원에게 월급을 많이 주고 복지를 베푼다고 해도 본인이 교도소에 갈 각오를 하고 회사를 위하는 처신은 아무나 하진 않는다. 직원들은 상사들이 신뢰해줄 때 창의력과 애사심을 발휘한다.

싸고 좋은 제품은 반드시 팔린다

1953년 이 땅에 제일제당이 창립되기 전까지 우리 국민은 남의 나라에서 만든 설탕을 비싸게 사서 먹어야 했다. 제일제당이 천신만고 끝에 생산한 국산 설탕은 외국산과 비교해서 가격이 3분의 1에 불과했다. 당도와 색도 외국산과 대등했는데 소비자들은 국산 설탕을 사지 않았다. 가격이 너무 싸서 미심쩍었고 당시엔 국산에 대한 불신이 만연했기 때문이다. 그러나 6개월이 지나자 상황이 달라졌다. 생산이 수요를 따라가지 못하게 되었다. 싸고 좋은 제품이 성공할 확률은 최근에 더 높아졌다. 1950년대만 해도 교통이 지금처럼 발달하지 못했기 때문에 장사를 해서 성공하려면 반드시 교통이 편리하고 유동 인구가 많은 곳이어야 했지만, 지금은 다르지 않은가. 맛집으로 소문나면 고객들은 두메산골이라도 찾아갈 수 있는 자동차가 있고 비싸더라도 사 먹을 수 있는 경제력이 1950년대보다 훨씬 좋아졌다. 소비자들의 입소문도 그때와는 비교할 수 없을 정도로 빠르고 넓어졌다. SNS를 포함한 다양한 미디어의 발달로 개인 고객이 하나의 홍보 채널이 되었다.

늦었다고 손님에게 화내는 식당 주인

이병철이 일본 지인들과 함께 유명한 복어 요릿집에 갔다. 골프를 하느라 예약 시간보다 한 시간 늦었다. 그런데 요릿집 주인이 버럭 화를 냈다. 복 요리는 시간을 맞춰서 먹어야 제맛이 나는데 예약보다 한 시간 늦게 오는 바람에 참맛을 잃었다는 것이다. 예약 시간보다 늦게 식당에 갔다고 주인에게 혼난 경험이 있었을 리가 만무한 이병철 일행은 멋쩍은 표정을 지으면서 일단 자리를 잡았다. 잠시 뒤 주인이 들어와 고개를 숙이면서 사과하기를 자신은 돈을 벌기 위해서 장사를 하기도 하지만 덧붙여 최고의 맛을 손님에게 맛보이고 싶은 목적도 있다고 했다. 자신은 최선을 다했는데 손님이 늦게 오는 바람에 최고의 맛을 보여주지 못해서 너무 억울하다는 하소연이었다. 물론 그 주인은 복어를 다시 요리해서 상에 내놓았다. 장사는 돈을 벌기 위해서 한다. 그러나 오로지 돈을 벌기 위해서 장사를 한다면 성공하기 어렵지 않을까. 돈을 버는 것과 마찬가지로 손님에게 최상의 서비스를 제공하는 것을 장사의 목표로 삼는다면 실패할 수가 없지 싶다. 이병철은 이 식당 주인의 프로 정신에 깊은 감명을 받았다고 한다. 요릿집과 삼성 그룹이라는 기업은 규모나 취급하는 사업 내용에서 큰 차이가 있지만 경영이라는 관점에서 보면 기본 자세는 같다는 점을 이병철은 놓치지 않았다.

내가 자주 찾는 돼지국밥집은 고기와 국물이 담백하고 맛깔나지만, 무엇보다 밥맛이 좋다. 아무리 자제를 하려고 해도 번번이 공깃밥 하나를 추가하게 된다. 가만히 지켜보니 밥맛이 좋은 이유가 있었다. 좋은 쌀로 밥을 짓는 것은 기본이고 대형 전기밥솥에 많은 밥을 해두고 손님이 올 때마다 퍼주는 것이 아니었다. 식당 주인은 시간이 걸리고 손님을 더 받지 못하더라도 조금씩 자주 밥을 새로 한다. 밥맛이 좋을 수밖에 없다. 이에 더해 항상 신선한 재료로 반찬을 만든다.

경영서를 읽지 않는 경영자

톨스토이 소설과 『논어』를 애독했던 이병철은 경영서에는 흥미를 느껴본 적이 없다고 한다. 설명을 읽고 나니 이해됐다. 새로운 이론을 전개하여 잘 팔리는 경영서도 있지만 어디까지나 좁은 경영의 기술을 다루는 경우가 대부분이라는 것이다. 지금의 출판 사정이 『호암자전』의 초판이 저술된 1980년대에 비해서 월등히 양과 질이 개선되었지만, 여전히 다수의 경영서는 개별 사안에 관한 기술을 다루는 경우가 많다. 물론 독자 취향과 사정에 따라서 책의 선택은 달라지며 개별적 기술을 다룬 경영서가 쓸모없다는 뜻은 아니다. 다만 이병철 회장의 독서 취향은 경영 기술보다는 인간의 기본 생각과 마음가짐에 관한 책이었다는 점이 많은 기업인에게 귀감이 되길 바라본다.

당장 실행할 수 있는
실천적 노하우

19명의 성공한 창업자를 만나면서 흥미로웠던 것은 전혀 다른 분야의 창업자들의 공통점이 보였다는 사실이다. 그들은 독서를 사랑했고 아무리 어려워도 화목한 가정을 만들기 위해서 애썼다. 가족 여행과 캠핑이 성공의 지름길이라는 듯이 창업자들은 바쁘고 가난하더라도 가족과 보내는 시간을 소중하게 생각했다. 직원을 배려했고 고객을 귀하게 여겼다. 세상에 없는 신기한 물건을 만들기보다는 자신들이 사용하고 있는 물건을 좀 더 낫게 개선하기 위해서 애쓴 사람들이었다.

물론 이런 가치를 소중히 여긴다고 해서 모든 사람이 성공한 창업자가 될 수는 없다. 화목한 가정을 이루고 책을 많이 읽는다고 해서 성공한다는 보장도 없다. 여러 사업가가 혁신보다는 개선을 중요하고 효율적이라고 생각했지만 때로는 혁신이 필요한 분야도 있기 마련이다. 발길을 돌리는 고객이 없도록 재고를 넉넉하게 준비해야 하는 분야도 있지만 언제나 정확한 재고 관리가 중요한 분야도 있다. 베스트셀러의 위주의 실용서를 많이 읽는 경영자도 있지만 고전에만 탐닉하는 경영자도 있다. 무엇보다 이 창업자들의 생각이 모든 이의 공감을 살 수도 없다. 가치관과 삶의 방식은 사람 수만큼이나 많지 않은가.

이 책은 기업가라면 누구나 갖춰야 할 덕목보다는 분야별로 당장 실행할 수 있는 실천적인 노하우를 담으려고 애쓴 노력의 결과물이다. 가능한 다양한 업종을 소개하려고 노력했으며 그에 필요한 노하우를 담고자 했다. 모름지기 사업이란 이렇게 해야 한다는 잔소리보다는 이 업종에서 성공하기 위해서는 이런 노하우가 중요하다는 팁을 많이 발견했으리라고 확신한다. 따라서 이 책을 읽는 독자는 자신의 가치관과 비슷한 창업자의 뜻을 따르면 될 터이고 자신이 하려는 사업과 관련된 분야를 창업한 이의 조언을 귀담아들으면 된다. 굳이 사업을 꿈꾸지 않더라도 자신이 인생의 경영자라는 마음가짐이 무엇인지 궁금한 이에게도 귀감이 될 것이다. 성공 노하우란 이 세상에 존재하는 사업의 분야만큼 다양하게 존재하기 마련이다.

성공을 부르는 창업 노트

2022년 02월 14일 1판 1쇄 인쇄
2022년 02월 25일 1판 1쇄 발행

지은이	박균호
펴낸이	한기호
책임편집	도은숙
편집	정안나, 유태선, 염경원, 김미향, 김민지, 강세윤
디자인	늦봄
마케팅	윤수연
경영지원	국순근
펴낸곳	북바이북
	출판등록 2009년 5월 12일 제313-2009-100호
	주소 04029 서울시 마포구 동교로12안길 14, 2층(서교동, 삼성빌딩 A)
	전화 02-336-5675 팩스 02-337-5347
	이메일 kpm@kpm21.co.kr
	홈페이지 www.kpm21.co.kr

ISBN 979-11-90812-35-1 (03320)